從星開始的16趟自我探索之旅

白瑜——著

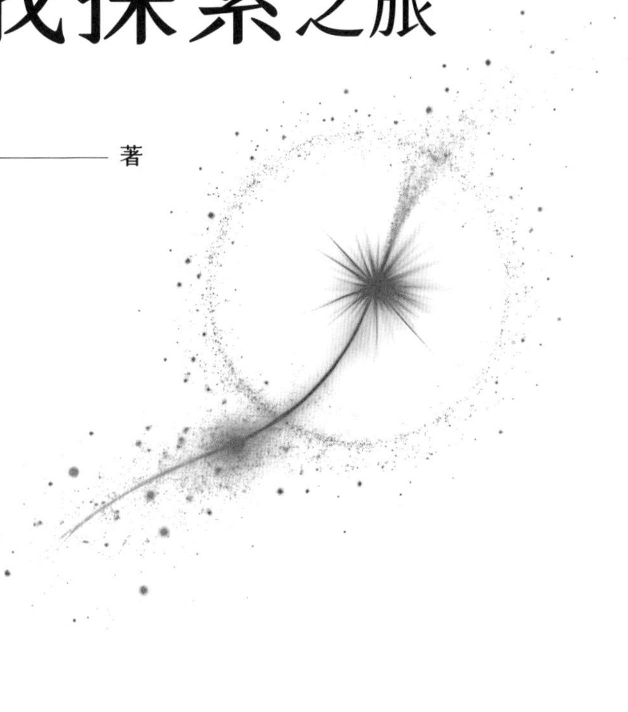

【導讀】第三種人

海苔熊／諮商心理師、Podcaster

我們先來做一個心理測驗：請根據你對自己的了解，用1到5分來評斷你對這句話的同意程度，1代表非常不同意，5代表非常同意，如果介於中間，請寫3。請在前面的括弧內填入分數。

甲．（　）「我是自由的。」

乙．（　）「我的生活沒有受困的感覺。」

公布答案：將甲乙兩個題目的答案平均，分數越高，代表目前你對生活的自主和掌控程度較高；分數越低，代表你現在受到一些限制，無法好好伸展自己。

讓我們再看第二個測驗：

「鳥為什麼不飛出鳥籠？」

A・這隻鳥曾經嘗試過，但撞得傷痕累累。

B・在裡面很舒服，每天有人管吃管喝，幹嘛要出去？

C・牠很想飛走，但牠很擔心出去以後能不能夠自己獨立生活。

D・鳥根本不知道自己在鳥籠裡，因為這是一個玻璃做的鳥籠，而且鳥籠很大，這隻鳥還以為牠很自由。

E・因為鳥只是一個公仔。

F・鳥根本就不在鳥籠裡。

選好了嗎？我要公布答案囉！一般來說，許多人都會把自己投射成為那隻鳥，目前的生活狀態想像成外面那個籠子，所以籠子可能是你當下的職涯工作、人際關係、僵化思考、中年危機、政府的政策等等。現在你知道了，再重新回去看看前面這個題目，有沒有聯想到什麼？

做完兩組測驗，你覺得，哪一個測驗提供給你比較多資訊？

前面這兩個測驗其實是我這十多年來學習心理學的一個縮影。第一個測驗是目前科學心理學比較買單的測驗，只要兩題以上（當然題目更多比較好），用量表就可以去計算信度，還可以和其他測驗去計算效度。

許多讀者做完後會有一種「拜託，告訴我一些我不知道的事好嗎？」（Tell me something I don't know!）的感覺，但好處是它基本上解釋不會有任何「歪掉」的可能，我碩士班以前學的大多是這類型的測驗。後來到彰化師範大學念博士班，發現以前我非常摒棄的第二種類型的測驗（因為無法重複驗證、不同的人解釋起來品質落差也很大），似乎也有它的「滋味」（用這個詞，是因為要反覆品嚐）。

以榮格心理學來說，什麼「原型」、「陰影」等等專有名詞幾乎很難用「科學」的方式來驗證，但它常常提供一些「你不知道的事」的線索。問題是，「原型」是藏在無意識當中的，你要如何測量這些東西呢？我在博士班的訓練是，透過沙盤工作不斷的探索，或者是在古老的童話、神話故事裡面追尋——而這些古人的智慧，都是在科學主義興起之前。

所以在讀博士班的第一年，我非常痛苦。每次上課的時候我都好想知道有沒有標準程序、確切的答案，但同學和老師的回答大概都是這樣：

「聽起來你很急，我們要不要先停下來看看，你在急什麼？」

「或許有些時候我們只能相信，生命會自己找到出口，我們只能夠陪伴當事人走一段。」

「心理治療沒有什麼標準程序，重要的不是你在治療室裡做了什麼，而是你和當事人在這個空間裡的關係與相遇（encounter）。」

我那時候聽完這些答案內心的OS是：「你們這些搞諮商的，拜託說人話好嗎？」但撐過了那極為痛苦的第一年，來到第二、第三年，我才慢慢意識到，當年的我是多麼的傲慢，帶著某一種人定勝天，科學可以掌控一切的思維想要「解救蒼生」——我真是太天真了，我連自己都救不了，還想救別人。等等！或許，踏上這條路我真正想要救的不是別人，是自己？

我想起榮格好像也經歷過一段類似的過程（拿自己跟祖師爺比真是不要臉哈哈）。在《危險療程》這部電影當中，有一段描繪榮格早期做研究的方式非常嚴謹（至少以他那個年代的標準），用各種儀器、計時等等；但到他生命中晚期開始涉獵神祕學、儀式還有一些無法測量的東西。於是，這裡就出現了許多個問題：科學、神祕學、物質、精神……哪一個才是這個世界的實體？什麼是生命最終極的答案？人類的心靈真的可以用科學來測量嗎？

白瑜說，這世界上有三種人，第一種是相信科學法則的人，第二種是認同神祕力量存在的人，第三種是接受神祕力量存在又相信理性科學可以改變世界的人。在閱讀這本書的時候，內心「想要追求確切答案、控制一切的科學家的我」和「想探索未知神祕、開放包容各種可能的我」不斷的在打架，我在想可能我正在經歷從前面兩種人過渡到第三種人的過程吧：

一、相信科學法則，但是覺得科學法則好像已經不夠用了。

二、發現有一些內心未知的神祕力量很有趣，但還不太敢相信。

三、不知道怎麼整合這兩者。或者說就像書中所說的一樣，接受「非整合」（Aintegration）也是一種可能？

最後跟大家分享一個小故事。我在加州有一個學術著作等身的科學家朋友，畢生致力於種種科學普及推廣，但他孩子在加護病房急救的那一刻，他還是非常汗顏的上社群詢問大家有沒有什麼方法可以救救他的孩子，不管是科學的、不科學的他都願意嘗試。這個故事讓我印象深刻的地方在於，**科學很好用，也是讓我們生活便利的重要根基，但當生命陷落的時候，科學，似乎不太夠用。**

坦白說，我覺得白瑜很勇敢，以她先前網路課程在知識衛星霸榜般的銷售量，其實寫一本普通的占星書就可以了，我相信照樣暢銷，但她卻選擇了一條艱難的路，也就是嘗試找到這個通往第三種人的可能。而占星，是她在通往這條路上選擇的導遊旗。

如果你也跟我一樣，走在前往第三種人的路上，那麼我竭誠的歡迎你翻開這本書，體驗一場內心的思辨。

【推薦文】

幫助我們認識內在的有力工具

雪力（夏瑄澧）／「Sherry's Notes雪力的心理學筆記」ＹＴ頻道主持人

白瑜的《從星開始的16趟自我探索之旅》是一部兼具神祕與邏輯的作品，透過占星這一古老工具，引導讀者進行深層次的自我探索。

這本書強調我們每個人應該成為自己的導師，而達到這一目標的第一步就是要了解「真實自我」。正如ＭＢＴＩ等評量工具可以幫助我們了解性格傾向，占星則是另一個有力的工具，幫助我們更好的認識自己內在的需求和挑戰。

書中對星盤的詮釋並不僅限於神祕的占星象徵，而是融合了白瑜在心理學和哲學方面的深厚學識，並結合她自己的人生經驗，讓每一個星象解讀都帶有深刻的見解和思維廣度。這樣的占星不僅僅是「命運」的解讀，更是一種科學與靈性結合的自我分析過程。

白瑜讓我們明白，占星不只是依賴星象，更是依靠我們對人生經驗的反思和自我覺察。

目次

【序章】

成為自己的導師

時間回到十年前，那時的我站在人生的叉路口。

有一面的我，想要給周圍的人完美的交代，包含一個完整的家庭、一份人生勝利組的形象、一種安穩的生活狀態；而另一面的我，想要給自己交代，希望遵從內心的聲音，跨越恐懼和對自我的不信任感，建立自己真正想過的生活。

面臨人生抉擇點的時刻

二〇一四年的農曆新年時期，現實狀況逼迫我站在這個叉路口，我需要決定自己的去向。是要給大家交代，還是要給自己交代？怎麼做我可以心甘情願、不再後悔？推翻自己原本的認知和選擇真的對嗎？遵從內心的聲音，會不會只是自以為是、自私自利的藉口呢？

身為太陽牡羊，我原本不喜歡回望過去。一方面，我覺得回頭看太浪費時間，過去的已經過去，回顧也不能改變什麼；另一方面，本著大家開心我就開心的原則，直覺告訴我，回頭看的話，我會看到自己不開心的樣子，所以只要不看就沒事了。

但，這次不一樣，因為內心太多疑問，因為前面叉路口需要我做決定。我走投無路，不得不硬著頭皮回顧過去，幫自己釐清頭緒：過去發生了什麼？現在的我怎麼了？未來該怎麼辦？

於是我畫了一張自己的人生地圖：哪一年、我在哪、發生了哪些人生大事、我做了哪些選擇。花了兩天的時間，把三十二年的人生歷程地圖畫完，我傻眼了，這輩子我奉行的理性和克制，換來的結果並不是我想像的那樣。

我發現，在二〇一四年以前，潛意識中的我，有意無意的遵從一套規則來建立自己的人生：大家開心我就開心，大家滿意我就滿意；沒事不要惹事，有事就要息事寧人。當時的我認為，一個人最大的成功，就是讓重要的人認可自己，讓需要的人接受自己，讓理性和克制駕馭自己。我就這樣理性而克制的活到三十二歲。

回顧到這裡，再看看現實狀況。目前確實大家都開心，只有我不開心；大家大部分都滿意，只有我不滿意；總有各種事發生，大家都希望我可以一樣大事化小、小事化無。我想要理性和克制，但我發現自己的身心已屢屢在崩潰的路上……

這樣的發現讓我頓然醒悟。在那之前，好像沒有人能讓我真的開心，沒有人能讓我真的滿意，沒有人能因為我的理性克制而理解我。我開始隱隱約約意識到，我不能再以「追求別人的認可和滿意」為目標的活著。

俗話說：「靠山山倒、靠水水流、靠人人走。」**想要開心和滿足，我只能靠自己。**

那麼，問題來了，該如何靠自己呢？自己靠得住嗎？那些開心、自我滿足的人是怎麼經營自己的人生的？

在兩種領域之外的第三種

花了一年多時間，我開始有意識的觀察周圍的人。那時，我已經開始接觸身心靈課程，找老師做催眠療癒，去拿美國NGH催眠證照，接觸大天使、光的療癒、奧修禪修等課程，同時也搜集學習心理學的管道，並打聽西方哲學的課程。

當我從身心靈課程那裡得到情緒安撫和療癒、從心理學和哲學書籍中得到解決方法時，我也發現這兩個不同領域的人，互相有著非常嚴重的「瑜亮情結」：身心靈派的人和學院學理派的人之間，有著嚴重的溝通障礙和理解鴻溝。

慢慢的，我也了解到，現在的人大致把自己歸類為兩種領域的其中一種，一種是相信神聖力量的人，另一種是相信科學法則的人。

好在人類的叛逆性也有可取之處。現在這個時局，有很多人已經不屬於那個二分法的世界——我們不想被純靈性馴服，純理性也不能讓我們信服。很多擁有獨立思考能力的人，因為自己的經歷想展開一場自我探索之旅，想重新認識自己和這個世界。我們的眼界、心界因此被打開。

我們既相信某種很難完全認知的、超越人類能力的神聖力量，能感受到自己的直覺和某種神聖力量的連結，又相信科學理性、實驗驗證，喜歡透過經驗和思辨得到歸納結果。我們這類人有別於前面的二元分類，最終**成為**

第三種人：認同神祕力量並同時擁有科學邏輯的人。

如果在生活中，思考的過程很感性，做決定的時候很理性，總有一種直覺不能饒過，總有一種理性需要被說服，那麼你就已經是踏上自我探索之旅的人，是屬於接受神祕力量存在，卻又相信理性科學可以改變世界的第三種人。

現在，我知道自己是個「既重視感性又重視理性」的人了，然後呢？我該怎麼做才不會活得矛盾？該用什麼樣的視角看自己、看世界，才能活得開心、活得滿意呢？

神學家的三個問題

來到二〇一六年夏天，這時，我已經站在叉路口兩年了。

表面上，我已經做了選擇。二〇一四年，我的認知無法告訴自己該怎麼做才能活得更好，所以我用刪去法，選擇聽從自己內心的聲音。這是當時我內心唯一能夠確定的事，但接下來該怎麼做，我完全不知道，也沒把握。

中世紀神學家聖多瑪斯・阿奎那（Saint Thomas Aquinas）曾說過：「人

的救贖需要三樣東西——知道該相信什麼，知道該渴望什麼，知道該做什麼。」我感受到我應該相信自己內心的聲音，我應該遵從內心的渴望。當時我雖然不知道怎麼做可以讓自己更好，但我知道的是，至少我不去做什麼，可以讓自己不會變差。

比如說相信錢的人，認為什麼事都能用錢解決，不能用錢解決的也能用錢來緩解，他們相信這就是錢的意義；相信自由的人，認為玩到想玩的、說出想說的、佔有想要的，就是自由的意義；相信愛情的人，認為被寵愛、被接納、被重視，就是愛情的意義……

但，為什麼相信錢的人，有錢了還在忙，還覺得不滿足？為什麼相信自由的人，總是去吃喝玩樂麻痺自己，容易被各種無名的情緒困擾？為什麼相信愛情的人，不是感到孤獨，就是在受傷的路上？

這裡出現了一個困境：錢、自由、愛情，是物質世界的遊戲規則，儘管我們想要盡可能的看清物質世界的遊戲規則、看見物質世界的本質、擁有徹底理解物質世界的能力，但這些對物質的絕對駕馭能力，還是不能滿足我們心靈深處的靈魂渴望。這時候如果想用物質（滑手機、買東西、吃喝玩樂、錢財名利）來代替精神世界的滿足，那就會像口渴了去喝海水一樣，越喝越渴。

這個時候再來問神學家聖多瑪斯・阿奎那曾問過的三個問題：該相信什麼？該渴望什麼？該做什麼？

相信錢的人，當錢不能滿足內心時，要去相信什麼？

相信自由的人，當自由不能抵達自在時，能相信什麼？

相信愛情的人，當愛情不能讓心安定時，還能相信什麼？

心理學、哲學與占星學的相遇

二〇一六年的秋天，我決定離開新竹，定居台北。一時不知道該怎麼改變自己，那就先改變環境吧！

來到台北，我開始認識新朋友。因為一位剛從師大教育心理與輔導系畢業的新朋友，我拿到一整套大學心理系的書籍。我抱著這套書，像找到救命稻草一樣，透過書中對大腦神經的研究、對人類行為認知的研究等等，想了解「人」到底是一個什麼樣的存在，我想了解自己的所思、所做、所為的背後有什麼內在渴望在推動。

又過了兩年，我開始嘗試當商業講師，其中一個動力是因為當時個案的牽線，而另一個動力是發現大家和我一樣渴望了解自己，渴望突破某種程度的盲目和迷茫。

十八世紀的德國哲學家康德（Immanuel Kant）認為，人類的認知開始於經驗，知識來自於理性。他覺得理性思考和感官經驗應該相輔相成，才能形成對世界的完整認識。

於是我設計了「自我探索」的系列課程，內容包括我在身心靈課程中學到對直覺的發掘和認知，也包括在心理學中學到的發問與驗證邏輯。有些出乎我意料的是，當時超多個人和企業喜歡這一套課程。經過口耳相傳，我的課程邀約不斷，以至於當時的收入足夠讓我承租不錯的房子，忙碌的時候還能高價請保姆帶孩子出去玩一整天。

不過後來遇到了一個瓶頸。有間跨國企業想邀我去講課，但希望我有心理諮商師的執照；身心靈課程平台也找我去開課，但希望我可以更深入玄學的部分。當時我的孩子剛上國小，我沒有多餘心力去開課，而過於玄學的內容我也不那麼喜歡。

我常跟學員和朋友們說，只要聽從內心的聲音，命運有時候就在不經意間發生轉折。

當我不知何去何從的時候，某天滑手機，滑到英國占星教育體系下的台灣國際占星研究院的廣告。我大概翻讀研究了一下，有個聲音告訴我，去學學看吧，或許會有意外的發現。

考慮了幾分鐘，我撥通了電話，確認了轉帳方式，就這樣開啟了占星學的歷程。

一開始學占星學，我是抱著了解自己的態度。我學的是榮格心理占星體系，所以學著學著，發現居然可以把學過的心理學知識運用其中。

後來我和占星學的同學一起去台大旁聽西方哲學課，發現有很多哲學理論也可以運用在占星學的解讀中。接著，我嘗試把大學學過的金融財務知識、我編的自我探索課程內容、職涯規劃邏輯等等都運用在占星學的解讀中，解讀的結果不僅不違和，而且更豐富、有邏輯、有學理性，再加上占星學的概念與分類，解讀的內容也更深入和全面。

這個過程讓我非常的驚喜，後來我這種獨特的解讀星座模式和思維，被《妞新聞》的工作同仁發現，開啟了我上電視和網路平台當占星學專家的旅程。

以新的視角探索人生

至此，我原本想要別人開心與滿意的潛意識改變了嗎？並沒有！人要改變很難，除非靠自己達成某項人生成就因而收到極大的信心和自我認同。那時候，雖然我在事業上有一定的成長，但離有成就還很遠，我為了想快速獲得大公司和大眾的認可，選擇去考心理諮商研究所，後來也順利考上。但也因為半工半讀的同時還要照顧孩子，健康亮紅燈，差點過勞死。迫於健康原因，我無法同時擔任老師、媽媽、學生三個角色，我不得不選擇退學。

當時沒有別的方法和出路，加上我也清楚自己內心的聲音，堅持運用占星學這個工具，透過我所學的心理學、東西方哲學、金融財務等知識，向大眾分享我對人、愛情、職業、生命意義等各種看法。

我之後在線上學習平台「知識衛星」開了《白瑜的全方位占星學》課程，收到大量回饋，驗證了好多人跟我有著同樣的想法，超過兩萬名學員來上課。這一次，我認可了自己在人生職業中達到一個里程碑式的成就。這個成就讓我對自己有了信心。

人生經歷告訴我，老天需要我走有別於「學院派」和「心靈派」的路，就是要鼓勵我用一種新的視角探索人生，並把我這一套同時運用「科學邏輯（學院派理論，如心理學、哲學、金融學等）」和「學科體系（心靈派方法，如占星學、催眠療癒、直覺發掘等）」來探究「自我成長」的思維方式分享給大家。

康德在《純粹理性批判》書中提到，「先驗知識」是獨立於經驗而存在的，像是時間、因果，可以根據理性思考和推論而獲得結論；而「後驗知識」涉及我們對感官經驗的主觀知覺，這些感知有限，而且不同人可能對同一事物有不同感知，因此後驗知識是相對的。

在我看來，「先驗知識」可以遵循規律，可以用科學邏輯來解析，最後歸納為客觀結論。而「後驗知識」尊重個人感知，沒有普遍規律可以遵循，就要用經驗來判斷，占星學剛好是用經驗來做學科歸納。至於自我探索，需要知道某些客觀結論來規避風險，也需要靠經驗在未知中指出方向。在個人經驗裡有理性的思維，在客觀世界裡有主觀的經驗。

所以，現代人的心裡並不存在純粹的科學，也不存在純粹的靈性，我們需要的是在經驗和理性之間，看到兩個不同層面的交集——在尊重感性感受的基礎上，用理性邏輯判斷和決策。

創造屬於自己的幸福版本

你現在正處於迷茫、困頓嗎？

經驗告訴我，人生出現疑問、挫折、困境，其實是我們打開自己的機會，只要用對方式關注自己，就能開啟自我探索之旅。當我們開始了解自己，用適合自己的方式來探索世界、探索人生，就有機會活出屬於自己的幸福版本。

我們可以以萬物為師，也可以透過自我對話來學習，而這本書，是提供占星學作為了解自己的工具。透過占星學的學科體系，再整合我學過的其他知識內容，提供大家一個好用的方法來了解與自己的關係、與他人的關係、與世界的關係、與精神境界的關係……在茫然失措的時候，我們在第一時間可以成為自己的導師。

寫這本書的用意，就是希望能用「不過度感性，也不過度理性」的思維，帶領你藉由占星學的系統邏輯、運用占星思維的「簡單性、全面性」的特性，來了解自己、理解世界、探尋答案。

祝福你，在看完這本書之後，看見生命的節奏，看見命運的啟示，看見自己的智慧和力量，創造屬於自己的幸福版本。

第 1 部

困在原地

生命的不確定性

我們最不喜歡的，就是遇到人生的各種困難。可能是感情關係，可能是親情關係，可能是同事關係，可能是和自己的關係。這些關係所發生的各種情緒問題，像是愛不得的怨懟、嫉妒憎恨、疲倦憂鬱……都容易導致我們喪失熱情和期望，產生嚴重的自我懷疑。

我因為工作的原因，常常跟年輕的朋友們接觸，他們常說被這個社會當頭棒喝的時候，都感覺自己老了！

我們都希望未來可以順心如意、風調雨順，但現實是，越祈求的越得不到；越不想發生的越會發生。

這就是墨菲定律（Murphy's Law）——人生不如意十之八九，但凡猜中的多半不怎麼好。而現在年輕人會「在上班和上進之間選擇上香」，就是因為他們太過早熟，還沒進入社會就已經聽說或遭遇了人生的各種無常。既然世事無常，那就必須「趨利避害」。人生之路不管是好是壞，提早知道路徑，也能提前做好準備。

這樣的思維有點像是提前劇透，但事實上，不管求多少神明、算多少命盤，你還是會發現自己正在「關關難過關關過」，人生還是不停的在解決問題。所以來找我的人經常問我一個問題：「老師，我該怎麼做才不會一直像現在這樣？有什麼方法可以一勞永逸？」

我個人的意見是，**當你感覺到被困住的時候，就是你的認知正在晉升的時候。感覺前面沒有路，才是真正走上了屬於自己的路。**因為那是屬於你自己的路，無法複製別人的經驗，才會感到前途迷茫；你的每一步，都會是第一次體驗。

寫到這裡，如果你完全理解我在說什麼，證明你已經在走自己的人生之路了。如果你還不太明白我前述的文字，那這一部中，我就來慢慢和你一起討論：遇到關卡該怎麼看？怎麼做？有沒有什麼思考邏輯可以借鑑？

01

「真實自我」與「投射想像」——內在矛盾的原因

在占星學裡，遇到關卡這樣的主題，一般我們會用流年星盤來合盤出生星盤，就能看到我們現階段或每個階段可能遇到的關卡是什麼。這時候通常會用外行星——天王星、海王星、冥王星，還有土星來觀察。

在這之前，我希望大家還是回歸到問題的本源。當遇到關卡的時候，「我」才是整個事件的主角，所以這時我們要用「我」的角度來看這件事。為什麼先要從這個邏輯開始呢？

遇到關卡時，先回到「自我」

回想一下，你周圍的人遇到問題的時候，會不會就事論事來處理眼前的關卡？譬如說，這個人失戀了，大部分的人想到的是他失戀到底是因為對方劈腿了呢？還是兩人個性不合？或是出現了什麼誤會造成這結局？而作為朋友，你一定會先關心他失戀的原因，再選邊站，然後跟他一起痛罵前任也好，安慰他的情緒也好，總之就是陪他一起度過失戀的難關和困境。

但以我個人的角度來看，一個人失戀如果來問我意見，我會想先和他聊聊現在有哪些具體且詳細的感受。

失戀了當然會痛苦，不過每個人的痛苦狀態不一樣。有的人就是茶不思、飯不想、寢食難安；有的人會瘋狂安排行程，讓自己不要一人孤單待在家中。

這些表現在我看來，是一個人面對困境的生活行為表現，不論是宅在家，還是出去玩，都只是因為當下的情緒驅動了某些行為，這並不是有效的解決方案。所以，如果想要解決當下的困境，我一定會先問問他的心情怎麼樣。

也許你會有疑問：「問心情有什麼用？不開心也不會變成開心，問題也不會找到答案。」不過，就我的經驗認為，當我們開始試著了解自己心情的細節時，對自己會有一些意外的發現。

譬如說有一次遇到一位個案，我問他：「你現在的心情怎麼樣？」他想了想跟我說：「分手了雖然難過痛苦，很不適應，但是我心裡面有個小小的聲音說：『你終於離開了一個不對的人，未來可以遇到更好的！』然後這個聲音越來越大。現在我跟你講的時候，心裡就有一點點興奮。老師，你說我是不是難過到人格分裂了啊？」

那時候，他分手差不多一週，一邊晚上持續失眠，一邊感覺到內心最深處有種興奮感。如果沒有針對他的內心多加關注，只能看到他失眠焦慮、痛苦難受的一面，根本探究不到他內心還有興奮、鬆了口氣、對未來有所期待的部分。

所以，當我們遇到困境，就要先回到「自我」這件事。

從太陽、金星與水星看起

關於「了解困境中的我」，在占星學裡要先看出生星盤中的太陽、金星和水星。

太陽代表著一個人的基因個性。遇到困難時，我們的基因個性會主導我們的情緒，像前面提到的個案，他在分手後內心有寧缺勿濫的小興奮感，因為他是太陽牡羊，天生比較勇敢，願意冒險，遇到問題偏向積極找出方案和目標，相對來說，就不會過度沉溺在分手所帶來的痛苦悲傷中。

看金星是因為一個人想做一件事，對應的是他心裡的想像，那個想像很美好，所以有動力去做那件事。

比如這位個案的金星是土象星座，他很自然的覺得一個人戴眼鏡、愛看書很加分，跟這樣的人談戀愛應該可以讓人同時感受到溫柔和智慧，而這樣的關係對他而言會很美好，因此他那時就找了個戴眼鏡、愛看書的女友。沒想到的是，土象星座有時候吃人不吐骨頭。他這位前女友平常算溫柔，但吵起架來從來不認輸，每次都要他主動示好才罷休，用這位個案的話來說就是：「溫柔有餘，智慧還不足。」

反過來，這位個案分手後，時間變多，開始買各種書來看，也懶得打扮，眼鏡不離身，自己反而變成看起來溫柔智慧、有魅力的人。所以說，金星是我們的人生觀、世界觀、價值觀，可以看到一個人在遇到困境時候的態度和選擇。

接下來還要看水星。就算一個人的個性樂觀積極，就算他對未來很有想法，但我們必須多觀察這個人的思維習慣。比方說，這位個案的水星在獅子，他的思維習慣比較樂觀，加上他太陽是牡羊，勇敢的個性特質就容易正向表現出來，不過獅子屬於固定星座，因此他也容易在短期內鑽牛角尖，並且抗拒踏出舒適圈。總的看來，只要讓他認識到自己的勇敢，願意接納新的開始，他想要盡快走出失戀情緒的機會就很高。

相反的，假設這個人的思維習慣有受害者傾向，比方說水星在天蠍，或攻擊性思維太強，水星在牡羊，那不管他多麼積極樂觀，也有可能為了保護自己而做出衝動的行為，這樣就很有可能出現藕斷絲連、相愛相殺的場面，很難快速度過分手期。

卡關時的處理順序

這樣看來，當遇到一件事卡住了，不只是要看發生了什麼事、結果是什麼，第一時間我們需要關注的是一個人的個性特質是什麼，還有他的三觀（人生觀、世界觀、價值觀）是什麼，再來看看這個人的思維習慣。接著再分析發生的事，才能探究出導致事情發生的內在動機，並順藤摸瓜的找到合適的解決方案。

而這樣的邏輯是怎麼形成的呢？這就牽涉到「人」這個角色的豐富性了。一個人的思維模式，是由「自我」和「想像」構成的。首先是「我在哪、我是誰、我要去哪」，這部分是真實的自我，也可以解釋為生活物質資源的部分。另一部分思維模式就是「希望我是什麼、我可能會做到什麼、我想要去哪裡」，這部分是想像的自我。

一個人只有真實沒有想像，很難有創造力；一個人只有想像而沒有真實的自我認知，也無法為自己服務。

美國威斯康辛大學的腦神經學科學院曾做過一個實驗，他們想了解一個人「做決定」，是自己做的決定，還是被什麼所影響。結論讓人意外的是，大腦是先收到某個決定訊號，之後才意識到要做什麼。也就是說，大腦先有電化學反應發出訊號，我們才因為收到訊號而決定做什麼。所以，一件事是由我們自己決定的，還是受環境影響決定的，就很曖昧了。

這個實驗結果告訴我們，**當我們遇到困難和困境的時候，首先要找到真實的自我，以及要關注內心的想像投射是什麼。**先找到真實的自我，再去分析什麼是適合的、什麼是已經擁有的、什麼真正是渴望的、哪些難關是可以透過想像和投射想辦法跨越的。

先了解真實的自我，再分析解決問題。在這種整體的邏輯體系下，當你面對困境時，至少心不亂，思考和行為的背後會有一個支撐點，而這個支撐點就是——「真實自我的資源條件」和「投射想像的自我期待」。

「真實自我」與「投射想像」的一致性

通常遇到關卡的時候，不少人會說：「我只要什麼而已，很難嗎？」「我以為會是什麼，結果卻是這樣。」「他就不能不要做那些事嗎？」

這些認知，就是潛意識中拆開了自己和別人的「真實自我」與「投射想像」，不自覺的把別人的「真實自我」，以及自己的「投射想像」混為一談。我們在本能中，總是希望自己的「投射想像」成為別人的「真實自我」，而希望對方的「真實自我」和「投射想像」是可以分開處理的。

但事實上，在研讀心理學相關研究報告裡，我發現有這樣的狀況：一個人的「真實自我」和「投射想像」，在現實生活中很難拆開來看。

這種現象在心理學中被稱為「自我一致性理論」。這個理論認為，一個人會努力使自己的行為態度和內心的自我觀念一致，這種一致性有助於維持內心的自尊和自我形象。也就是說，我們希望自己的「真實自我」是可以無限趨近於「投射想像」的；也希望自己的「投射想像」可以成為「真實的自我」。

舉一個非常簡單的例子：減肥。大部分的人會覺得減肥是一個很大的困境（包括我自己），面對這個困境，我們通常會把「真實的自我」和「投射想像」既分開又合起來看。比如說，今天我覺得自己胖了，這代表我能意識到「真實的自我」身體變胖了，但「投射想像」的自我應該是瘦的。

這時候兩者就會被分開看：我的心裡其實知道「真的我」和「投射的我」長得不一樣，但與此同時，我覺得「真實的自我」身體變胖不符合「投射想像」的樣子，所以我想讓「真實的我」瘦下來，真正成為「投射想像」那種瘦瘦的樣子，希望兩種我可以合而為一。

這個例子就很明顯的看到，把「真實自我」和「投射想像」分開看的時候，就會生成「自我定義」——我其實太胖。而合起來看的時候，就會生成「慾望」——我想要瘦下來。

我們對自己、對關係形成某種「定義」和「慾望」，就是這麼來的，看見自己，定義自己。「真實自我」和「投射想像」不一致的時候，會有矛盾和排斥；「真實自我」和「投射想像」一致的時候，就會形成信任和接納。

從真實自我出發，走出困境

其實談到這裡，我們從占星學走向心理學的研究報告，就已經不知不覺觸碰到哲學的範圍——「真實的自我」和「投射想像的自我」，哪個才是真實的「我」？

我們常常把這兩個概念混為一談。在「真實的自我」不太好的時候，我們會從情緒上拒絕接受，並透過逃避、修圖軟體、建立關係來達到和「投射想像的自我」形象一致，這樣做會讓我們感覺好過一點。而當狀態很好的時候，我們想把這種狀態最好的樣子固定下來，希望這種美好的「投射想像的自我」永遠維持在真實世界中。但是，現實世界的我們都很清楚，人無千日好、花無百日紅，「真實的自我」和「投射想像的自我」有落差才是常態。

這個概念也涉及到哲學領域裡的一個基本概念——存在主義。所謂的「我」是物質世界的存在嗎？我的身體就代表「我」嗎？還是「投射想像的我」才是真的我？我的精神體才能代表真正的我嗎？

當然，這些概念的提出是為了提供一個看待問題的方法，是哲學裡常用的「辯證思維」，如果真的想找出答案，是不可能有結論的。每一種問題，一定是建立在不同的情境之下，會有不同的側重偏向。這個時候再回來看，**當面對困境時，要如何處理當下面臨的困難，走出困境？**

第一步，你要對自己有所覺察和認知。在身陷困境的當下，我們的內在正承受著情緒和人事物的各種混亂。如果找不到，或是不願意接納「真實的自我」，我們的情緒和生活的混亂時期會比較久。長期的情緒和生活的混亂會生成新的壓力，在長期壓力的作用下，很容易造成心理疾病和生理生病。

大家沒有時間學習心理學和哲學的相關內容也沒關係，其實這些理論讀起來還滿抽象的。把這些理論放在占星學的體系裡，就簡單多了。

當我們面臨困境的時候，首先要看自己的太陽。

你的太陽是什麼星座，坐落在第幾宮位，就有可能用什麼樣的個性特質面對這樣的困境。認識到這一點，就可以推導出當下解決方案的優勢會是哪些。

了解自己的個性特質與優勢之後，接下來看金星。

金星就是你「想像投射的自我」這部分。比方說金星金牛，可能想像中的自己要有錢才能做好一件事；像是金星射手，在想像中如果兩個人的觀念一致就不會分手。

當你遇到困境時，可以解讀你的金星，看看你的基本三觀是什麼。像我的金星在雙魚，回到前面提到的減肥，我的價值觀就是：完美當然很好，但本質上胖瘦不重要，把想做的事做到完美才是王道。所以今天就算為了緩解工作的疲勞吃胖一點點，也不會讓我的心情太糟。因為把工作做好的幸福感勝過一切。

所以，討論到價值觀這件事，只要看你的金星坐落的星座和第幾宮，大概就可以了解你「投射想像中的自我」會是什麼，也能明確知道你想要的「完美版本」長什麼樣子。

再接下來要考量的就是水星。當你在思考「我」的時候，你的習慣性思維模式會被啟動，所以面臨困境時要怎麼面對、怎麼走、擅長的方法是什麼，這些會直接反應在無意識的行為模式中。這時候，請你觀察自己的水星，要有意識的覺察自己的習慣性思維。

假設你覺察到自己的思維模式比較理性，可以透過收集相關資料幫助自己分析，或是找專業的人來協助你找解決方案。假設你覺察到自己的思維模式比較樂觀，有些困境你可能會視而不見，會下意識的利用其他可能和有利條件來幫助自己逃避某些狀況，形成事件中的盲點，最終透過累積，導致某件事陷入困境。如果你能及時透過水星覺察到自己的思維動向，就能及時避免困境發生。

請先花時間了解自己

所以面對困境時，你是什麼樣的思維，需要對自己有所覺察。當知道自己是什麼思維模式的時候，就可以知道某個結論背後的心態是什麼。

最後總結一下，當我們在人生中遇到挫折困難、感覺非常迷茫、生命充滿各種不確定性，甚至把自己困在原地不知道該怎麼辦的時候，要先花時間來了解自己。

透過占星學的太陽來了解「真實自我」的個性特質。透過金星來了解「投射想像」中最完美的自我是什麼。認識內心的基本狀態，就不容易出現「因為概念混亂而產生的矛盾思維」，不會因為「內在矛盾的累積」而產生長期的心理壓力，從而消耗了你的心靈能量，讓你沒有力氣去好好吃飯、好好睡覺、好好生活。最後，用水星了解你的思維模式和習慣，你就不會被自己的潛意識和情緒牽著鼻子走，你就更有把握對自己的所思、所想、所為有所克制，也有所選擇。

面對困境的第一步，就是認清自己、釐清狀況、找到自己的特質及優勢，以及對自己的情緒和思維有即時的覺察。能夠做到這些，你就已經掌握解決事情、走出困境的基本方法了。

02

「喚醒恐懼」的意義——挑戰即機會

大家可能會有一個疑問，通常我們在面對困境的時候，第一時間是不想獨處的，因為獨處會讓人一直關注心裡的情緒，像是憤怒、迷茫、不安、恐懼，甚至是以前經歷過的不好經驗都會在這時候跳出來加碼，讓我們感覺到無助、害怕、想要逃避。在這種時候要大家去了解自己、認清自己，好像有點道理，但又有一種「臣妾做不到」的感覺。

其實，我也有同感，在最痛苦的時候，一定要這麼理性和強迫自己嗎？

當然，你可以先休息一下。因為當我們面臨困境，想要摸索源頭、試圖了解狀況的時候，心裡的恐懼會第一時間被喚醒。遇到困境的時候，挫折感會特別強烈，感覺自己什麼都做不到，在這樣的狀況下想要回歸自我、探討自己，會讓人下意識的抗拒，所以我也提倡大家先休息一下再面對。

看清水杯的下半部

曾經看過一段影片。有一位老師手裡拿著杯子跟大家說：「人生就像這個杯子，你的經歷就像我將要丟進去的東西。當你的人生遇到不順的時候，就像生命裡被強行加入了某些東西一樣。」

這時候老師把兩顆桌球丟進玻璃杯中，然後繼續說：「當你又遇到一些不舒服的關係時，生命裡又會被加入一些東西。」他又丟了一些桌球進去。

這時候，玻璃杯中有一半空間被桌球塞滿了。老師繼續說：「後來，走了很長的一段路，心裡累積了不少感覺不好的經歷，於是你想去學東西，想提升自己、淨化自己。」

這時，老師把一瓶水倒入玻璃杯，他接著說：「這些可以淨化你、提升你的知識和智慧，就像這些水一樣流入你的生命中。當智慧流入你的生命，你以為自己的人生從此就能變得豐富多彩，可以完全放下過去的種種不開心，但事實是，當智慧進入你的生命，你的恐懼和創傷會先浮上來，就好像這杯水中的桌球。」

老師舉起手中的水杯，杯子中的桌球已經飄在水面，他繼續說：「你以為自己怎麼努力都沒有用，你想要讓自己變好，讓自己變得有智慧，但是為什麼不管再怎麼努力，人生並沒有變好，甚至內心充滿更多恐懼和壓力，好像越努力越糟糕呢？」

老師繼續說：「你要記得，你的生命並沒有因此變得更糟糕，事實上是變好了，請你看一下水杯裡的東西，下半部是你的智慧之水，上半部飄起來的是恐懼和過去不好的記憶。撥開這些不好的記憶，你的生命底層都是由智慧之水組成的。也就是說，你的人生已經被智慧打好地基了，你未來會發生的一切，都會被這些智慧的底層邏輯和知識系統支持著。」

雖然思維改變了，人生並不會被馬上翻轉，因為一切事物的改變都需要時間的沉澱和累積。但所有的建議還是會指向「遇到困境，最好的解決方案就是努力學習、提升認知、靜待時機」。

喚醒恐懼，直面困境

然而，生而為人，喜歡躺平，這就是人性的弱點。如何才能讓一個人願意在面臨困境、看不到希望的時候，還能自動自發的自我提升，學習更多呢？答案是——喚醒恐懼。

當我們面對困境的時候，恐懼會馬上被喚醒。我們的大腦對恐懼的設定就是兩個解決方案：「戰」或「逃」。當然最輕鬆的是「逃」，但是人生總有躲不過的時候，這時「戰」就成為唯一的選擇。有了「戰」的慾望，就有了解決問題的動機。接下來是去尋找各種人事物的資源，幫助我們提升自己、改變現狀。

從基因的設定來看，人的自我成長是需要一個推動力的，而恐懼就是一個非常好的推力。這就是所謂的——**困境即是挑戰，挑戰即是機會**。

在心理學中有一個名詞，叫做心理壓力反應（stress response）。是指一個人在社會環境中生活，必定會遇到各種變化和關卡，這會刺激一個人的感覺，讓我們從心理和生理下意識的做出一些反應，以應對這些變化和困境。

根據人的心理和生理構造，遇到困境讓恐懼被喚醒，是一個非常有效率的促進自我成長的機制。從這種角度再來看困境，雖然有痛苦的地方，但更多的是要讓我們看到機會。

只要突破這個困境，就會被提升為更好版本的自己。這讓我想到哲學家尼采的那句名言：「那些殺不死我的，必然使我更強大。」看到這裡，你對這句話應該也更有感覺了。

從星盤來看心理壓力反應

把心理壓力反應的理論放在占星學裡，可以看你出生星盤中的火星和冥王星。

火星是迎面而戰的角色，火星坐落的星座和宮位揭示了你最勇敢的樣子。而冥王星代表壓抑和逃避的面向，冥王星坐落的星座和宮位，能看到你害怕什麼、逃避什麼，內在可能會被激發出來的潛能又是什麼。

再以「減肥」來舉例好了，容貌焦慮現在已經成為了公共議題。一個人變胖了，一般就被認為是變醜了，這時候很多人會很難認同這樣的自己，因為穿衣服覺得不好看，合照的時候也會被比下去……這時就會被喚起恐懼，「我好醜、我會被看不起、任何好運都會離我遠去、不會有人在意我、我好討厭我自己……」這一系列恐懼帶來的焦慮感，總是讓人窒息，讓人壓力很大。

不過，並不是所有人都有這麼嚴重的容貌焦慮。來看一下我本人的例子，哈哈。我的出生星盤是太陽在牡羊第十宮，金星在雙魚第九宮，雙魚守護第十宮，水星在金牛第十一宮。

牡羊的特質就是敢作敢當，金星雙魚是容易有完美主義的想像，水星金牛則是在有壓力的時候喜歡靠吃來緩和情緒。不過，水星金牛還有另一個特質，就是吃的時候不會有警惕心，只有當脂肪累積「有感」，看得到、摸得到時，才會意識到自己吃太多或精神壓力過大。

雖然做為太陽牡羊，我的個性比較不拘小節，但是，畢竟有金星雙魚的門檻，而且雙魚還在天頂，當「真實自我」不符合「投射想像」時，會出現壓力升高而不自知。因此我的胖瘦有一個規律性，在外承受壓力太大時，就開始靠吃解壓（水星金牛十一宮），等真的變胖了才後知後覺（金星雙魚九宮），恐懼被喚醒，開啟變瘦戰鬥力（太陽牡羊十宮）。我就是這樣在壓力大時默默變胖，再戰鬥力爆棚默默瘦下來，在胖胖又瘦瘦的循環中週而復始。

以前我很羨慕別人的體重能長年維持在一個狀態。但當我了解自己之後，也就看開了。只要工作能做好（太陽牡羊十宮），壓力大一點，吃得稍微肉一點也可以接受（金星金牛十一宮），因為容貌焦慮會被工作的成就感取代（金星雙魚九宮）。而接納了真實的自己之後，容貌焦慮的狀態就好了很多。

其實，恐懼就是一隻紙老虎，表面看起來非常可怕而強大，但只要勇敢面對，這個恐懼完全沒有任何威力。

這一章裡想跟大家分享的是，面對困境的時候，除了要認清自己、了解自己，更要提前做好心理建設——內心的各種恐懼會被喚醒。

只要了解自己的心理壓力反應，做好應對，這些恐懼的情緒反而可以成為一股黑暗力量，將當下的困境變成機會，讓我們在挑戰中變成更強大的自己。在占星學系統中，你也可以透過分析火星和冥王星來找到相應的答案。

禍福相倚，所以，不管是用心理學還是占星學系統，只要使用「辯證思維」這種科學方法，任何工具就可以被恰當的使用，找到促使我們往好的方向轉變的方式。

03

「生命的無序」與「心靈的秩序」——打破熵增定律

人的肉體從生到死，是從「有序」（活力、健康）走向「無序」（疾病、死亡、化成灰燼融入大自然）。但，只要仔細領悟就可以發現，人的成長，是一個從「無序」變成「有序」的過程。

打破熵增定律

大自然這個物質世界中有個很重要的定律，就是「從有序到無序」，這個被物理學界稱為最令人絕望的定律，就是「熵增定律」。比如說，一隻動物死了，牠的生命管理系統就會停止，隨著時間推移，死掉的動物肉體會被土壤分解，也就是說，動物的身體構造就從有序變成無序。

然而，我們作為人類卻有著與生俱來對抗無序的本能。我們不想老、不想死、不想被大自然優勝劣汰，我們渴望在這個世界中建立自己的秩序，並且試圖用一生的努力來對抗熵增定律的影響。

也許人的肉體無法擺脫熵增定律，但人的精神力量總是有辦法對抗熵增定律，一步一步找到「有序」的可能性，這也是人類最可貴的地方。

想讓人生變好，就要打破熵增定律。

熵增定律既然是物理學定律，就是屬於大自然的法則，我們無法抵抗，只能臣服和接受。不過在精神層面，我們可以有意識的透過管理，盡量最大化的讓我們這副有機身軀處於有序的狀態。典型的例子就是人類現在已經建構起最基本的有序狀態：人類在努力脫離大自然四季和災害所造成的各種生命威脅。

現代人都懂得如何健康的用餐如廁、如何打造健康的作息運動、建立固定的健康檢查觀念，還有各種放鬆身體的方法五花八門……關於肉體的管理已經發展得很好了，只要我們有意識的打理自己，就能老得慢一點，活得久一點。

不過，就算在心理學研究上，人類已經有了很多突破，也有很多心理學名詞幫助我們了解自己處於什麼狀態，但在精神層面上的經營和照顧，卻是我們現代人不夠注重的部分，或者說是我們很容易被潛意識和情緒掌控與駕馭的部分。

這就有賴我們要有意識的建立起關於「心理狀態」、「心靈保養」等精神需求上的認知。當有意識的了解自己、自我覺察，並且可以有意識的轉換恐懼，利用困境成為提升自己的機緣，就是在透過經營自己，打破物理世界對我們的禁錮，打破熵增定律，讓有序變無序的傷害最小化。

這樣可以讓我們的認知因為知識變得有序，讓我們的思維因為智慧也變得不混亂。盡可能的減少生活中基因本能帶來的恐懼和不安，我們對人生的把握程度、掌控感就會越來越強，這就是「自我成長」的路徑。

從星盤看內在世界與外在表現

當遇到困境，面臨「生命的無常（無序）」，會與我們的「美好願望（心靈有序）」之間產生矛盾。

這種狀況很容易讓人感到沮喪和無助，因為這個世界似乎總是傾向於從有序走向無序。長期的努力太容易在一夜之間付之一炬，變得什麼都不是。因此，想要戰勝困境、走出人生的花路，打破熵增定律的觀念就很重要。

首先，要尊重自然規律。好好照顧自己，按時吃飯，規律作息，好好生活，維持健康的身體和生活狀態。再透過自我覺察，更好的處理情緒和認知，從而實現心靈上的秩序。

在占星學中，第八宮和冥王星代表潛意識；第十宮和太陽代表的是意識。這兩個對宮位和行星的能量，可以幫助我們更了解自己的內在世界和外在表現。

土星代表有意識的經營，是一種對於自我規劃和管理的能量。透過了解土星的特質，就可以更有計劃的實現心靈的秩序，並讓生命的無序最小化。

自我提升的過程，就是透過有意識的經營自己的心靈，從而達到更高的自我覺醒和成長的狀態。

電影《奇異博士》中，至尊法師古一法師這樣教奇異博士如何理解力量：「你無法強迫水流順從你的意志，你只能順著水勢而為，才能讓它成為你的力量。」

這裡面有好幾個概念。你無法強迫水流順從你的意志，也就是說，整個世界的發展有其定律，生命的發展不是我們自己所能決定的。**一要臣服於物理世界的規則，二要理解我們的意志無法控制別人的意志。**既然這些無法改變，我們只能順著水勢而為。

也就是說，在物質世界，我們的身體是逐漸衰老的，我們需要了解身體的機能，好好保養自己的身體；而在內心世界，遇到不同的人事物，我們容易被不同的想法或看法影響，雖然我們無法控制別人，卻可以在一定範圍內控制自己。所以順水而為，就是在精神上去面對、處理，這也是古聖賢老子所倡導的「道法自然」。

維持心靈秩序的人生範本

所以你可以看到，不同的人遇到一樣的事，處理方式和所得到的結果是不一樣的。

南非國父曼德拉，他的出生星盤是太陽巨蟹十二宮，冥王巨蟹十二宮，第八宮是水瓶和雙魚守護，凱龍牡羊也在八宮，土星獅子一宮。

當年他領導反種族隔離運動被迫入獄之後（凱龍牡羊八宮，冥王巨蟹十二宮），他沒有抵抗陷害他入獄的人（火星天秤三宮，金星雙子十一宮）。面對這次人生災難，他在監獄中刻意鍛鍊身體（月亮天蠍四宮），也刻意的鍛鍊自己的思維和意志力（六宮射手守護，九宮牡羊守護）。

南非國父曼德拉出生星盤的特質，看得出他雖然前後入獄二十六年，但希望自己無論是身體或精神上都不會因此枯萎，這就是他用自己的方式臣服於生命的無序。他坦然面對人生的困境，透過精神意志力戰勝恐懼，打破熵增定律，讓自己的心靈維持了高能量的秩序。

因此他在出獄之後還受到南非人民的愛戴，當選南非總統，並且把南非帶入更高的經濟和文明的社會階段，受到全世界人民的認可與尊敬。曼德拉崇高的精神境界為我們提供一個維持心靈秩序、打破熵增定律的優質人生版本。

之前提過想要走出困境，最有效的方式就是先了解自己，再透過恐懼找到自我提升的途徑。而在此之後要做的，就是透過精神的能量維持心靈的秩序。

當然這個過程一開始會感到艱難，需要大量的練習。我們要練習維持一個健康的身體，也要在心理上有意識的練習自我覺察，並且在心靈能量上有意識的練習勇氣、接納、放下。

以南非國父曼德拉的人生經驗來看，他當年入獄鍛鍊身體和心智，表面上這樣並沒有幫助他解決問題，但是卻提供他一個跳出問題、打破熵增定律的方法——透過提升心靈能量，改變思維習慣，達到看到問題本質的目的，結果自然會導向跳脫問題、跳脫困境的狀態。這也是可以用來改變命運所做的最有效的努力，也是最核心的認知系統。

精神能量才能維持心靈秩序

以前的人資訊比較不發達，思維結構相對簡單，只要刻意磨練意志力，感受力就會比較敏銳和深入，領悟力也會隨之增強。這就是為什麼像原始部落或科技比較不發達的族群，只要他們有心進入精神領域去感受、領悟，心靈能量就容易被提高。

電影《阿凡達》中的納美人靈性智慧比掌握太空技術的人類要高，就是在闡述這個概念。**理性上從簡去繁，靈性就容易被提升，這是靈魂走向有序的基本邏輯**。

像是動物們的靈性也比較高，牠們的靈性具體表現在非語言的情感交流。反觀我們的社會雖然科技發達，對物理的世界越來越了解，甚至可以突破人類的極限，但是對物理世界的了解卻帶給人類很大的一個困境——讓我們的心理在被大量資訊灌輸和影響之下，變得複雜而無序。

我們的眼、耳、鼻、口、舌、身、意能夠接收到的資訊非常有限，比如說我們聞到的味道比很多動物聞到的少很多；我們看到的顏色和亮度也比很多動物少。但是透過科技的發展，我們可以看到更多本來不會注意到的細微顏色，透過化學的發展可以創造出更多味道。科技發展，本來應該是一件好事。

不過，在高速發展的過程中，被我們忽略的是，這些高科技成果讓人類身體負荷起來有代價，這會讓我們進入一個誤區——只要這個物質世界變得多元而發達，我們的精神世界自然就會變得有序（獲得幸福）。

然而事實證明不是這樣。物質世界可以影響精神世界，但是無法左右精神世界。相反的，精神世界對物質世界有著絕對的控制權。

很多人會說沒有啊，大家都為了賺錢，讓自己朝有錢的目標拚命努力，這不就是用物質來控制精神嗎？正所謂：「賺到錢，什麼病都好了。」

但當我們再深入理解之後就會發現，驅動人拚命努力賺錢、向物質伸手的原因，來自於我們想要透過物質世界的建造，來滿足心裡的虛榮感、控制慾、成就感、自我肯定和幸福感。所以最終還是我們的精神世界在控制一切。

當物質世界獲得大發展時，精神世界不一定能得到等比例的提升，而如果精神世界沒有得到提升，再發達、再富有的物質世界，也無法為人類帶來內心深切渴望的幸福感。

物質世界高速發展的後期

當然我並不是說，科技的發展就阻礙的人的發展，只有原始部落和簡單的社會才能夠提升我們的靈性。我想說的是，人類的發展會有一個回歸曲線。

也就是說，物質世界在高速發展到一定階段，就會進入回歸調整的階段。這個階段會發生各種問題，整個世界出現激烈的碰撞和內耗，到達某個時間點，奇異點出現的時候，人類再次進入下一次的高速大發展階段，人類就是在這樣的循環中進步的。

從這個面向上看，**我們當下的這個世代正屬於高速發展的後期，又屬於下個高處發展的前期。**在兩個時期的交界口，我們不得不隨著社會發展的洪流而震盪，我們的心理壓力和焦慮感是史上前所未有的重。

當然也不用太悲觀，因為在發展的兩階段交替的過程中，我們真正在參與整個人類社會和心靈能量的重整和變化。在這個過程中能看到的是更多的好機會，打破圈層和階級，正在向努力奮發的普通人招手。過往透過幾個世代累積的大家族、大財團，以及正在掌握權力的人，都有可能在這段期間的震盪洪流中被三振出局，讓真正適合的、擁有更高心靈能量的人接手。

透過占星學的流年可以看出，從二〇二四年開始，冥王星從摩羯座正式移動到水瓶座。未來二十年會是一個嶄新的階段，而作為過渡階段的二〇二四這幾年，是充滿動盪不安、困境挑戰的時期。

因應這樣的歷史氛圍，在第一部的三個章節中，就是想邀請大家，處在現在這個頻繁動盪時期、在兩個文明階段交接的當口，面對生命各種不確定性，雖然有困境、有恐懼，卻是充滿機會的時候。**我們要刻意提升自己的心靈能量，勇敢迎接挑戰，找到自己的高配版的位置。**

具體做法很簡單：先了解自己的特質，透過困境和恐懼找到挑戰的突破點；看到機會之後，有意識的透過提升內在心靈的秩序來掌控生命的無序，這樣就真正把自己的命運掌握在手裡了。

第

2

部

看見距離

渴望了解自己

就哺乳動物來看，生命可以說是比賽的產物。精子在到達子宮前，就要先來一場游泳比賽。

世界衛生組織在二〇〇三年出版的研究數據[1]指出，男性每次射精會射出大約兩億到五億個精子，在射精後六十秒間，只有百分之五十的精子存活得以繼續往前，其中只有百分之二十五的精子有更快的速度逆流而上；而在一般狀況下，只有兩百隻精子可以抵達輸卵管[2]。因此不管你現在怎麼看自己，要知道，你來到人世間的那一刻，是億萬選一的佼佼者，是幾億個精子中那個勝利者！

不過你有想過這些問題嗎？為什麼在生命的一開始我們就已經在比賽了？生命的出現為什麼要這麼激烈、拚命又辛苦？為什麼生命的最開始不能是個溫馨沒壓力的生長過程，而是一個贏了就得生存、輸了就沒命的絕命之戰？是不是精卵結合的競賽零和遊戲已經預示了生命的痛苦和無常？

因為我們曾經是子宮裡的勝利者，基因裡就帶著「無論如何不能輸」

的訊息密碼，輸了就會自我消融，只有當個「人生勝利組」才是基因能夠成為生命的目的。如果用生命的生成這個角度來理解，不論你我應該都會覺得活著很累。

但是，只要有一點人生經驗就能了解，如果只用輸贏的心情來生活，幸運的話，或許一開始的人生會有一點成績，但時間一拉長就會知道，太在乎輸贏，只能變成大量的情緒內耗和怕輸的恐懼，反而讓我們的挫敗感和得失心更重，最終會什麼都不想做，反而變得害怕未知、裹足不前。

很多已經獲得非凡成就的人會告訴我們，他們因為放棄輸贏的心情，因為獲得了生命的自在，反而有機會贏，比如說像老子、莊子、甘地、德蕾莎修女等。

---

1 數據引自 *Laboratory Manual for the Examination of Human Semen and Semen–Cervical Mucus Interaction,* 4th edition。

2 數據引自 *Molecular Biology of the Cell,* 4th edition, 2002。

再比如說很多卓越的運動員、商人、藝術家，他們的人生觀或生活狀態往往是我們想要學習的榜樣。

也有些人把輸贏的概念放在替大家爭取權利上，比如像爭取所有兒童受教育權的馬拉拉、致力於結束在戰爭和武裝衝突中使用性暴力為武器的穆拉德、為伊朗女性而戰的穆罕默迪……，他們把基因裡的輸贏密碼改寫成公平、大愛的能量，相當讓人佩服。

所以是什麼樣的狀況要放下，什麼樣的狀況要爭取呢？我們擁有怎樣的特質可以在輸贏這件事上做到恰當的運用，而不是作繭自縛呢？

從我們的出生星盤中，第四宮、八宮、十二宮的守護星座，以及坐落的行星和相位可以幫我們窺探哪些狀況是我們可以放下的，而且慢慢來比較快。而第二宮、六宮、十宮的守護星座、坐落的行星及相位，則是我們此生要去追尋的，有輸贏在裡面，也是成就感的所在。

不論是去看生命的開始，或是去尋找我們此生的幸福感和意義感；不論是選擇競爭，還是放下，其實就是在探索世界和生命的歷程中，展現出我們渴望了解自己的心情，並在了解現實世界、了解自己的過程中，找到一條通往內在精神世界的路。

事實上，**當我們開啟「渴望了解自己」的大門，就是打開了通往幸福的道路。**

04

「占星學邏輯」與「人的思維歷程」——第三選擇思維

大家不要把占星學看得太深奧，客觀的學習占星學，其實就是換一個思維角度來看人和看世界。

有不少個案問我這樣的問題：「老師，我是××星座，請問我跟什麼星座最搭配呢？是要看太陽嗎？是要看我的太陽和對方的月亮是同一個星座嗎？還是我們的月亮要是同一個星座？金星要怎麼搭配呢？」

會問這樣的問題，就是屬於乖寶寶思維，他們習慣尋找既定的公式去遵循。往更深一層看，他們的內心更傾向於先了解別人喜歡什麼，再來決定自己可以喜歡多少。

不過乖乖牌通常偏悶騷，如果有機會觀察到就能發現，他們雖然是乖寶寶思維，但私底下最喜歡的興趣可能是各種極限運動、凶宅末日殭屍電影，或者有刺青、穿舌環等等。你或許也遇過這樣的朋友，看起來溫順討喜，卻在某個地方有個大反差。

反差感在於自我認知的程度

有時，這樣的反差感，如果是自己和家人知道就算了，像是魚乾女、草食男，家人看著看著也就習慣了，但是出外工作、交友，尤其是談戀愛時，如果不是很明確的理解自己反差感很大，只靠直覺來交友、過生活，那這種反差感帶來的人際關係尷尬和負面影響，就會變得難以控制。

我有位個案就是魚乾女，她在家通常不修邊幅。有一天假日，曖昧的男生突然在樓下告白，這位魚乾女猶豫著該馬上下樓，還是先梳妝打扮一番再見面？是要讓男生看到蓬頭垢面的自己，還是讓男生等個半小時看到有點打扮的自己？

那天，男生在樓下等，本來可能有種「和這麼乖巧的女孩在一起，人生一定很棒」的想像，結果當天要告白卻等了女生半個多小時。後來約會相處下來發現，女生私底下和約會時根本是兩種不同模樣。出去玩的時候，女生都選衝浪、雲霄飛車、跳傘這類活動，這樣的反差讓這位男生直呼受不了。

當時女生沒有刻意的從生活型態和內心世界來了解自己，所以在曖昧和約會初期，並沒有主動告訴對方自己喜歡什麼、討厭什麼、有什麼習慣，而是在交往中讓男生慢慢發現。

結果，不用猜我想你也知道，這樣的感情要長期維持不容易，不只男生覺得反差很大，女生也會維持得很累。

這也是為什麼我很推崇占星學的原因，或許你對了解自己這件事懵懵懂懂，千頭萬緒不知從哪裡開始；也或許你覺得心理學和哲學太過嚴肅枯燥，那麼占星學的邏輯就很適合你。因為占星學就已經包含心理學和哲學的思維邏輯脈絡。

只要根據占星學中的元素和解讀邏輯來解析，可以很直觀的看到一個人的外在表現與內在呈現，大幅縮短我們了解自己的難度和深度，而這個邏輯也可以套用在了解他人、了解你與他人之間的關係中。

占星學的思維邏輯

在這裡我們具體說一下占星學的邏輯是什麼。

首先大家要了解，占星學其實是「地心說」時代的天文學，在「日心說」之前。在西元前兩千多年前，古巴比倫尼亞人就開始觀測天象了。起初只有農民在播種或收成時使用，大約在西元前一八九四年，天文學家開始觀測並總結出太陽、月亮、各個星座的位置，還有每一年中這些星體在具體的時間之間的對應關係，並把這些位置精確測量出來，製作成一個「大鐘」，再透過大鐘測量出時間，用來指導農業的種植和收成。

那時候一些重大的特定日期，剛好可以對應到現代天文學的新月、滿月等，所以古巴比倫尼亞人保存了大量關於星座的位置、日曆和農業的記錄。在這個時期，天文學的發展就已經有精確的測量和記錄的習慣。

從這個歷史角度來看，我們可以了解到，占星學取之於生活、用之於生活，並且和四季的節氣、日月、星座運行的規律相關。更明確的說，占星學的邏輯，是透過觀察星象來總結自然規律，從而使人類的活動遵循自然規律，以提升我們的生存利益。

由此，解讀出生星盤，就是透過我們出生時的各大行星、星座星群的位置，了解當時的行星能量場對我們的基因、個性、特質、習慣造成什麼影響。一個人，生活在這個世界上，一定是受基因和生活環境的影響，從而產生了性格特質，也可以預測由此衍生出的命運走向。所以觀察出生星盤各大行星，可以快速的找到了解一個人的切入點，達到「管中窺豹，時見一斑」的效果。

占星學的發展歷程

這裡講的各大行星（這裡的行星不是指天文學用詞，而是占星學用詞）——太陽、月亮和其他行星，包括凱龍星，有十一顆，象徵了人的不同面向。這些天上的星體，是如何被賦予與人相關的各種意義呢？

這就不得不提到占星學的發展歷程。占星學的發展經歷了三大歷史時期的變化。第一階段，在伊斯蘭世界，占星學被歸類為天文學。伊斯蘭世界強化和改良了占星學，把占星學的邏輯和概念從對農業的範疇拉出來，推向宮廷、政治決策圈，成為指導國策的方法。

接下來的第二個階段，來到文藝復興時期，占星學被融入了人文道德觀念，占星學的生活指導性越來越被大家看重。當時「地心說」是很普遍的概念，在這種以人為本的思想氛圍下，占星學作為工具被運用得更廣泛：大至城鎮治理，小至結婚搬家，成為一般普通人的生活總顧問。

值得一提的是，這個時期的占星學還被納入大學學科，與哲學、天文學、醫學一起被列為有關聯的學術科學。但也在這個時期，占星學開始慢慢與天文學分家。

到了近代，占星學進入第三個階段——媒體大眾化時期。十八世紀之後，工業革命興起，各大學科蓬勃發展，人們的生活越來越多被科學研發的產品佔據，方便、快捷的概念帶起了現實主義、自由主義等思想風潮。占星學慢慢被認為是腐朽的思想，退居二線。

不過，這個時期出現了一位厲害的人物把占星帶入了第三階段，他就是現在人稱占星學之父的艾倫・里奧（Alan Leo）。艾倫・里奧成為現代占星師，還有一段傳奇的故事。

他出生於倫敦西敏寺，從小接受嚴格的紀律管理，奉行不吸菸、不喝酒、吃素食、終身獨身，甚至被嚴格禁止娛樂和消遣。在他二十幾歲時，因為過度勞累生了病，去看當地的草藥醫生。這位醫生替他治療的時候，順便還幫他畫了一張出生星盤，透過星盤流年，醫生說他現在患有腎病，但大概三週後會好起來，然後為他開了相關的處方藥。

因為這一次的治療，打開了艾倫．里奧對占星學的濃厚興趣。他認為占星學逐漸被淘汰，是因為過去的占星方法有缺陷。於是他主張簡化占星學的解讀方式，並且定義了星座的特質和相關符號，在他二十八歲時，創辦了月刊《占星家雜誌》（*The Astrologer's Magazine*），開始連載適合不同人的星座運勢。

在我看來，這一舉動有點像秦始皇統一度量衡一樣，因為這一套好用的占星學工具有了統一的語言，才有了被世界各地的人運用和討論的機會，也有了後續延續發展榮格心理占星這樣新的可能性。

回顧占星學的發展歷程，從早期農業天文的用途，到中世紀成為掌權者的統治工具，再來到二十世紀藉由媒體傳播成為大眾心理與生活指導的工具，占星學系統已經成為我們人類歷史發展的一種語言。它的社會應用特質、人格化特質，在歷史演變和進化的過程中，慢慢的由天文、宗教、農業、政治，聚焦到人格特質與生活指南上。

占星學與心理學的共同視角

占星學為我們提供了認識自我和理解世界的系統框架及思維邏輯，讓我們能夠簡化的理解這個世界的運行規律，同時可以更專注而深入的思考自己的本性和生命的本質，幫助我們更加理性的面對情緒、挑戰和困境。

其實，對應在心理學領域的研究上，有一個被心理學家提出的概念叫做認知心理學（Cognitive psychology）。這個學科專門研究人的感知、思考、創造力、注意力、解決問題的能力等有關內在的心理過程。

簡單說，認知心理學就是把人對於這個世界的認知過程，作為觀察和分析的重點，了解人類在生理上是如何認知、感知與處理資訊，以及如何記憶和表達這些資訊。這都是心理學家們的研究視角。

這樣看來，不管是占星學的視角，還是心理學的視角，我們都有同一種渴望和動機——認識自己。這些方法都是啟發智慧和創造力的工具，一路帶著我們，透過經驗探索自我、了解自我、發掘價值感的來源，從而獲得幸福感。

總結來說，有時我們的生活來到了一個關卡，最大的關鍵在於我們不夠勇敢，還有自我設限。一旦我們透過這些關卡並運用各種工具越來越了解自己，就可以突破限制，變得勇敢而自由，這也是讓我們變得越來越有尊嚴、越來越快樂的究竟之路。

在占星學中，我們就可以透過太陽、月亮、水星、金星、火星、木星、土星、天王星、海王星、冥王星、凱龍星的位置和坐落的星座、宮位、相位，來解讀各個面向的特質。

05

「物質世界的我」與「精神世界的我」——第一性原理，回歸自我核心

在這個現實的世界，大部分人應該都同意一個潛規則：「有錢能使鬼推磨。」錢、身體、健康的狀況，總是能輕易的讓一個人產生情緒反應。尤其是現在這個社會，更多人推崇科學、生產、財務，把物質世界的力量拉到一個前所未有的高度，讓我們在很多時候都誤以為科學、唯物、金錢就是人生的一切。也不是說不對，但這種思維絕對是片面的。

舉一個可能令人不太開心的例子——人剛過世時的狀態。過世的人身體還在，但他的思想、情感和精神性的部分已經不在了，這個精神和肉體分離的過程，不管靈學界、科學界怎麼定義，可以很明確的看出，人可分為兩個部分，一部分是「物質世界的我」，另一部分是「精神世界的我」。

從占星學看兩個世界的我

在占星學中，四角點把我們的出生星盤一分為四：第一宮的上升點（代表外貌形象、自我認知、社會化的性格特質）和第十宮的天頂（代表正職事業、社會地位、聲譽成就、自我追求）是「物質世界的我」；第四宮天底（代表家庭氛圍、安全感、歸屬感、內在感受的特點）和第七宮（代表伴侶關係、合作關係、競爭關係的特點）是「精神世界的我」。

「物質世界的我」在社會活動中是顯性的，容易被看見，而「精神世界的我」需要被觀察、感受、發掘、反思。

學了占星學這個工具，我們就可以了解到，第一宮和第七宮、第十宮和第四宮，互為表裡，互相獨立卻不可分割。這才是「物質世界的我」與「精神世界的我」之間真正的關係。

這個邏輯在占星學中已經被釐清，相當於是直接給我們一個參考標準和公式。像我們在前一部討論的，雖然人生的發展模式不能用公式套，但現象可以，因為現象是可以被總結歸類的。

很多人問我，從無到有的建立自己的事業和養育孩子，是怎麼堅持下來的？

我的感受是，如果我每天都要透過一件事賺錢，那就必須做讓自己有感覺的事；如果我沒有感覺，這件事情我不知道為了什麼而做，就算會有好的影響，我也無法持續下去，所以我並不想「看到別人賺什麼錢，就跟著賺什麼錢」。

賺錢的模式或許一開始可以複製，但長期生硬的套用別人的生存模式，就只是用別人對物質世界的理解來捆綁自己而已。到後來，會因為需要不停的適應別人的生存法則而讓自己過得痛苦。

我用我的經歷，扎扎實實的體會了這一點。為什麼我會從金融專業領域轉去科技業，再從科技業走到心理學、哲學的領域，最後發展到客觀非迷信的身心靈領域（New Age）呢？就是因為「做不喜歡的事，即使賺到錢，也不會開心」。

這是我年輕時候的感受，雖然看起來有點任性，但冥冥中，就是有一股內在的精神力量引導著我的生活。

後來我明白，千萬不要單純只為了賺錢而做什麼事，這樣的人生會越過越痛苦、越過越空虛。要問問自己：我的天賦是什麼？我喜歡的是什麼？

透過自己的興趣當作原點發展，做起事來才會有持續性、抗壓性、創造性。

興趣能夠提高一個人的積極能量，這樣的效果不僅可以讓自己做出一番成果，也能為社會帶來積極的影響，讓大家願意買你的服務和成果，這樣子才能形成被錢追的能量，才能真正達到「甘願做事、賺錢開心、生活有意義」的願望。

了解自己，回歸「第一性原理」

真正高度了解自己的人，不會為了追逐某個物質世界的目標而咬著牙去做事，這樣很表面。在想睡覺的時候逼自己不要睡，在想出去玩的時候選擇努力，在想貪心的時候逼自己回到初衷、抵抗慾望，能做到這種程度，原因都在於這個人順從自己內心的感覺，順從了內心覺得有感覺的事情，並把這些有感覺的事深刻融入到生活氛圍裡，才能做到極高度自律，這是一個深入了解自己精神世界的人才能做到的事。

簡單來說，這種感覺首先是直覺，透過直覺去判斷：「這件事我做起來開心嗎？」

其次，這種感覺來自於內心深處的渴望。「哪件事是非常吸引我的、非做不可的？」

這種高度的自律和自我控制，來自於對於精神性的了解和渴望。透過這種精神性的推動和認可，來指揮我們生活中的各種動機、選擇和決定。而在這個意義上，已經達成成就的人其實並不是因為高度的自律，而是在釋放精神性的渴望；是對「精神世界的我」有高度的敏感性，而自動自發的想要做「物質世界」的選擇而已。

接著再看看那些看起來正在做任性選擇的人，當了解到「物質世界的我」與「精神世界的我」之間是各自獨立又互為表裡的關係，我們就能了解他們「選」與「不選」的原因了。

我們只有了解自己，根據自身基本條件（物質世界的我）和特點（精神世界的我）出發，才能運用自己的優勢去選擇、做事。這也是馬斯克最喜歡也最推崇的一個概念：第一性原理。也就是在做任何決定前，先回到人事物最根本的核心部分（上升、天頂），將這些條件和特點解構成重要的要素（下降、天底），透過這些特質要素訂製適合自己的方法和目標。

創造成就，先看見自我的核心

我們再回顧一下，一個人怎麼樣才能有所成就呢？

第一，先了解自己。在占星學中，觀察上升（第一宮）、天頂（第十宮），這部分要符合「物質世界的我」。

第二，將精神性的需求變成有感覺的社會活動和個人選擇。在占星學中，是觀察下降（第七宮）、天底（第四宮），這部分要貼近「精神世界的我」。

這就是我透過這個物質世界，了解到自己的金錢觀、價值觀，最後確立了自己的人生觀。也就是從物質世界的我，要成功過渡到精神世界的我，讓自我感覺到滿足，必須回歸到物質世界，透過自己的本質和特質，創造一套「生活的標準」（物質世界的我），以及「自我認可的標準」（精神世界的我）。

這就回到了最根本又最核心的問題——我是誰？

簡單來說，生活好像每個階段都不一樣，遇到的人事物也容易進入到比較複雜或矛盾的想法。這個時候如果用比較的思維、是非的思維、因果的思維去看這些人事物，往往會帶我們進入更複雜的境地。這不僅事倍功半，也很容易讓人鑽牛角尖。

遇到關卡的時候，要先放棄別人怎麼看、世界需要什麼的想法而回歸到自身。從物質世界開始，一層一層的撥開，回歸到我們精神的內在與核心的自我特質。當我們看到自己的本質，再從核心一層一層往外推，這就是第一性原理的思維模型——**脫離表象，回歸本質，重新思考**。

古話說：「當局者迷，旁觀者清。」這個第一性原理的思維，其實就是「旁觀者清」的思維。

不被物質世界的關卡困住

我有一位認識多年的個案，她是一位美麗的女生，當時她還是調酒師。本來她是來和我討論未來事業該如何後續發展，結果隔了一陣子，她突然跟我求救。她說她愛上了一個人，可惜那個人已經娶妻生子多年。當她了解狀況想要抽身離開的時候，才驚覺自己已經愛到不能自拔。

她說那男生跟她感覺一樣。雖然男生無法和妻子離婚，但他說自從遇見了她，才知道什麼是愛情。後來男生提議兩個人繼續在一起，並承諾會給她房子，還有每年匯給她現金一千萬作為愛的承諾和保障。

這女生跟我說：「老師，我知道我不應該，但是我想要跟他在一起。我需要他，也需要要錢。」

這女生在父母離婚後，一直跟爺爺奶奶住，後來爺爺奶奶相繼過世，她就和姑姑一起生活。姑姑嫁人生孩子後，她也長大了，姑姑對她的關心自然變得越來越少。她太想要一個屬於自己的家了，所以無論如何還是想試試看。

當然，我無法把自己的價值觀套用在這位個案身上。我們討論了不同的選擇，協助她分析選擇背後的利弊有哪些。最後她做了自己想要的選擇。這幾年，我就這樣在一旁斷斷續續看著她和這位男生發生的一切。

這位女生第十宮是獅子座守護，她希望靠自己的力量造夢，認為靠自己可以夢想成真，希望可以掌控屬於自己的生活舞台。但是她沒有耐心，所以選了一個取巧的方式，她的第七宮是金牛座守護。

一年過去了，再見到她時，她的手裡多了一瓶紅酒，酒瓶裡有根吸管。女生看著我憨憨笑著說：「老師，不要罵我，喝點酒我會好過一點。」

她說，用吸管喝是怕牙齒染色。「老師，我該怎麼辦？每次他來的時候我很開心，他走了我就很抓狂。」即便這樣，她也沒有要跟男生分開的意思，只是想要一個比較舒服的感覺。

後來我們討論的結果是她應該找件事情做，讓她有成就感一點。那時她著迷於各大品牌的珠寶，就決定去考珠寶鑑定師。

又過了一年，她來找我，跟我說她得了性病，是男生傳染給她的。好消息是，醫生說可以透過治療康復。她問我是不是應該分手。她的第七宮是金牛座守護，我可以理解就算在這種狀況下，她還是對對方抱有幻想。不過，想要有個家，並不是只有和某人在一起這個方法啊！

她的上升是天蠍座，天生對風險有敏銳的感知，遇到挫折和難關，能被激發出巨大的潛能。再加上天底是水瓶座守護，她願意付出，有創造力，擁有顧大局又有前瞻性的心靈。再加上她太陽天秤，如果倚靠自己去生活，完全可以把人生經營得有滋有味。

回到她的本質去看，她是一個有能力、勇敢、熱情而樂觀的人，完全能找到依靠自己的方法和力量，為自己經營出一個夢想中的家，就能避免被男生帶來的所謂成功和靠山的感覺蒙蔽。況且對方也給不了她任何真正的伴侶該有的角色。

那一年，流年土星劃過她的金星，這樣的流年能量，讓她感覺自己好像有依靠，再讓她的情感世界充滿壓力和挫折，最後讓她回歸自己，做自己的主人，拿出自己的能力，幫助自己脫離依附別人的思維模式，勇敢為自己的獨立走出重要的一步。

經過三年的掙扎，女生離開了這段不堪的感情。她嘗試開花店，也嘗試去當珠寶鑑定師，現在她有了自己的公司，買了屬於自己的房子。我真心為她感到高興。

人生就是這樣，一切的困難都是騙局。只要我們不了解自己，就會被這些物質世界的關卡困住。而**當我們回歸自我的本質，在了解自己的基礎上去看這些挫折的時候，一切的關卡又變成了升級打怪的墊腳石，幫助我們一次一次成為更好的自己。**

06

視而可見，信而可靠

——向內與向外觀察真實的自己

有次我滑手機時，看到一位女生在自拍，對著鏡頭講了她的擇偶標準。她只允許與她旗鼓相當、可以發生量子糾纏[3]的人進入她的私人領域，先當朋友，多相處看看，再決定要不要在一起，之後才考慮牽手、親吻、上床這些親密舉動。

用「量子糾纏」來描述她是否能感覺到兩個人可以雙向奔赴，還滿有趣的。不過發生量子糾纏大致有兩種原因，一種就是這位女生說的旗鼓相

3 量子糾纏（quantum entanglement）是量子力學的理論，指的是當兩個粒子彼此交互作用，各粒子的特性已融合為一整體性質，無法單獨描述各別性質，此概念被應用來比喻在情感上，即指兩者有著融合且密不可分的關係。

當，算是棋逢對手、彼此平等的情感關係；另一種就是「業」的能量讓他們彼此產生連結。

這種業的能量沒有相遇的時候，是業的契機未到，沒有互相觀察產生能量的吸引力，而當契機到來，一切的發生都是剛剛好的能量牽引。

業的能量來自於好的「因」，就會產生積極的「果」；來自不好的「因」，就可能會有消極的「果」，但這一切是可以因應我們及時的自我覺察意識而轉化。

這部分精神性的因果，我們在第十五章再詳細討論。

看待愛情的不同角度

這又讓我想到有一次參加一個談論情感議題的節目時，討論到現代人的愛情，上床需要多久時間醞釀？

當時現場像我這樣四十多歲的來賓，普遍認為最快也要兩週到一個月左右。但我們發現，越年輕的人，絕大部分會選擇先上床、後接吻，直到互相確認兩人關係是否繼續進行，才會來到最私密的部分——一起逛超市。

什麼？最私密的不是上床接吻，而是逛超市？這又是另一個看待愛情的角度了。

確實，現在這個資訊爆炸的時代，各種各樣的訊息包圍著我們，各種各樣的人際關係在手指與螢幕之間來回穿梭。在這樣的社會背景下，認識一個人好像沒那麼難。

想要深入認識一個人，尤其是想要認識一個年輕人，只要打開他的社交媒體，往下滑，他什麼時間生日、和什麼朋友在一起、喜歡什麼活動、心裡有什麼想法，通通可以了解得一清二楚。

在這種狀況下，對一個人產生好感，好像沒有那麼難，我們很容易因為了解對方社交媒體裡的資訊，而刻意去投其所好。而另一面呢，現代人雖然在外面很熱鬧、很擁擠，但是回到家感受到的卻是心裡越來越空、越來越茫然。

當兩個被情緒寄居、被挖空內心的人相遇了，比起要花大量的時間去互相理解、互相陪伴，激情的噴發和慰藉，好像更能快速的讓人在當下感覺到某種擁有和滿足。

感性需求被物質化，物質世界被感性看待

在網路上也有一些YouTube節目街訪路人這樣的問題：如果馬上發生關係去上床，你願意嗎？

大部分人，不只是男生喔，也有很多女生都表明只要是自己喜歡，就願意，所以好像上床只是一種消遣的活動，已經不是以前古早時代那種一心一人、一生一世的舊觀念了。

當上床變成一種達成默契的社交活動之後，接吻似乎就是稍微帶點深入的情感和接納才能做的事。而「一起逛超市」這樣在日常生活中的不起眼活動，反而成為進入私人領域最需要信任感的互動。

從這個角度看，現在這個世界中的情感關係或性關係已經被物質化了。像是「愛、信任、包容、接納」這種抽象的詞，只是靠理解和感受，已經不足以取信於大部分人，很多人需要加諸於「看得見、聽得見、摸得到」這樣物質界的感受，才能有感覺。也就是現在的人對於感性的需求被物質化、量化的狀況越來越重。

而反過來看，物質世界中關於逛超市、私人生活圈這類活動，反而被精神化的對待。把一個陌生人帶入私人領域，就意味著可能被鄰居、朋友、家人知道，這會直接影響到一個人的口碑、聲譽、生活品質。

所以，帶一個人進入自己的私人領域，就等於是打開了自我的生存保護傘，將自己的生活習慣、常見的人際關係、處理情緒的空間、隱藏不想被人知道的祕密等等，都有可能開放給這個人看見。這個人可以進入自己的私人生活，自己的心情也被允許因為這個人而高低起伏，即使被這個人參與加入後，會有各種風險也沒關係。

這很符合量子力學裡面「量子糾纏」的概念。在微觀的世界，微觀粒子的行為和性質，非常強調觀察者的角色與作用，這顯示了微觀世界（象徵我們的精神世界）和宏觀世界（象徵我們的物質世界）之間，因為觀察者角度和思維的不同，而進行了不同程度的演繹和轉換。

愛情被精神化或物質化？

量子力學中的「波粒二象性」告訴我們，微觀粒子既能表現出「粒子」的特性，也能表現出「波」的特性，這取決於我們的觀察方式。

當我們對一個微觀粒子進行觀察時，我們的觀察行為本身就會影響到粒子的行為，從而導致不同的結果。這種結果導向的觀察方式顯示了觀察者的主觀角度對於現象的影響，這與我們在日常生活中的經驗有所不同。

所以，當一個人以「感覺」為出發點來觀察愛情，先要求有感覺，再開放進一步相處，也就是當愛的感覺累積到非常信任的程度，才會考慮在一起，這種角度就是有把愛情精神化的趨勢。

而當一個人以「現實」為出發點來觀察愛情，先要求親密接觸，再透過慾望來評量相處的感覺。也就是透過肢體接觸來感受和交換雙方最心底的真誠程度，透過慾望測試來觀察雙方對待彼此的心裡純淨程度，如果生活互動夠信任再來用心相處，這種角度就是有把愛情物質化的趨勢。

這讓我想到一位個案，他是金牛座。他來找我是因為他認為自己無法從父子關係的情感漩渦中走出來，而親情關係也障礙了他目前的婚姻。這是一個非常悲慘、我不希望任何人會經歷的故事，當我聽到時，心裡充滿了憐惜。

從小，這男孩的父親就在國外工作，他很少看到父親，大部分時間都是和母親與妹妹一起生活。在他國三那年，全家移民到美國，搬到了一棟大別墅裡。豪華的社區、美麗的房子、貴族學校……本來對爸爸又生疏、又埋怨的他，第一次了解到，原來爸爸在外面努力工作是為了讓這個家更好。

他開心的以為搬到美國後，就可以和爸爸一起全家團圓了，但沒想到，爸爸還是到國外工作，沒有住在美國。就這樣一路到大學，他享受著優渥的生活環境，也努力精進自己的課業。畢竟他媽媽是個虎媽，妹妹是備受寵愛的公主，既然爸爸不在家，男生希望自己可以成為家中的頂梁柱。

他大學二年級時，到隔壁宿舍和同學一起看NBA籃球賽，一通電話打來，同學慌張的轉達，說是他的媽媽哭著找他。拿起電話，聽到媽媽哭喊的聲音從電話中傳來說，爸爸被人破門而入殺死了……

他趕忙跟媽媽和妹妹連夜坐飛機到了爸爸工作的國家，帶著疲憊和恐慌，他把媽媽和妹妹安排在警局，獨自跟警察去案發現場。到了案發現場，他才明白案情的可怕。

原來他的爸爸在這個國家也有一棟豪華別墅。跨過封條，打開別墅大門，還沒進入室內就看到地上有一灘血。往左邊看，再往前看，到處都是血。往樓上走，樓上主臥室床上和的浴室也都是血。

警察大致解釋，殺人凶手是爸爸的情人的男朋友，這個男友知道女生不願意跟情人分手，因嫉妒和愛不得，應該是蓄謀了很久才殺了他的爸爸和女生。

這位個案雖然是表情冷靜的跟我訴說這段經歷，但他的手不停搓著膝蓋，單從這個小動作就可以理解他的不舒服和恐慌。他說：「老師，為什麼這種事會發生在我身上？這十幾年，我常常做惡夢，夢到爸爸被追殺、我被追殺，有時候也夢到我在追殺那個殺人犯，真的是受夠了。我有時候很恨我爸，但更多時候是恨自己小時候的無知和無能為力。不知道在這種精神狀況下，我自己的婚姻能維持多久。」

從星盤中看見關鍵

這位男生的第十宮是摩羯座守護，冥王天秤第六宮（用普拉希德斯的分宮法，巨蟹守護第三、第四宮，摩羯守護第九、第十宮）。

摩羯守護第十宮代表他非常在意自己的父親，甚至從小是仰望著父親的，他希望自己和父親一樣成為受人敬仰的人。冥王天秤第六宮代表他小時候可能也不擅長從細節來了解真正的人情世故。當命案發生，他自己也長大了，才發現自己的生長環境有很多祕密，遠看一切美好，近看很多都像是災難。

第六宮是生活的場景，也是掌管日常心情、飲食和睡眠的部分，心裡如果越多像冥王星這樣的陰暗面沒有處理或去逃避，那麼日常生活就會變得比較折磨。再加上這位男生是金牛座，很容易越想越鑽牛角尖，而且比較不懂得傾訴，習慣壓抑和被動。在這種狀況下，挫折、驚嚇、痛苦、幻滅、迷茫、逃避、抵觸、蔑視、恥辱、擔憂、恐慌等等一系列的情緒很難被及時分辨和看見，也很難被及時處理和紓解。

這個世界首先是要去主動觀察。但要知道，看見的不一定是真的，沒看見的不一定是假的。**我們先不要去判斷真假對錯，先習慣主動的觀察自己、觀察這個世界，只有這樣，我們才跟這個世界有真正的連動。**

不管是這個物質的世界、還是自己內心的微觀世界，都充滿了各種不確定性和不可知性。如果針對不確定和不可知而去控制它，這不僅不現實，反而會使我們陷入恐慌和無助的情緒。

沒有一個人能夠控制自己的成長環境、經歷和這個世界。想要和這個世界同步發展，不被蒙在鼓裡，擺脫被動無助感，最好的解決方法就是練習當一個觀察者──主動的觀察自己的內心，觀察生活周遭的人事物，觀察這個世界。

只要我們慢慢的累積觀察的經驗，就能累積心靈能量，不管結果導向什麼方向，我們對於預測和推理的能力會越來越強，我們對自己、對周圍人事物、對這個世界的理解和解釋能力也會越來越聚焦、越來越精準。

用主動觀察者的角度去生活，這種心態時刻提醒著我們，在理解自己、理解別人、理解世界的時候，應該保持謙虛和開放的態度。我們認為的可能會有局限性。這個世界很大，我們不理解、想不到、做不到也是可以的。在這種相對中立的心態下，去認知和處理我們獲得的資訊，我們所做的判斷和決策相對就會比較切合實際一點。

以獨特視角來理解物質與情感

前面這位個案的故事，如果從情緒的角度切入探討，很容易被拉進情緒黑洞中找不到方向。透過量子力學的概念為理論依據，從物質世界的切面找到哲學思考的立足點，幫助我們提供一個獨特的視角來理解——這個世界的本質，既存在物質世界的人事元素，也存在微觀世界的情感因素。套用在這位金牛座個案的故事裡，就比較容易理解了。

從物質面來看，個案當年沒看見的是，想像中如超人般的爸爸，在現實中不僅包養小三，還被小三的情敵所殺。每個當事人有自己的想法和選擇，過去的事不能被年幼的自己控制，懊惱和悔恨當年的自己是不現實的。要去理解那個以為爸爸是超人的自己，小時候不諳世事，只看得到爸爸好的那一面就產生無限的崇拜，這是一份純真的父子之情。

從精神面來看，他看見的是爸爸的欺騙、貪婪、可憐與可悲。針對這部分，個案不曾逃避，他當時勇敢的去面對和解決問題。至於這殘忍的事件，為個案帶來精神上的衝擊、驚嚇、壓力和過度思考，就屬於創傷症候群，並不是他能力不足的問題啊！分這三個層次來看待男生的心境，就容易理解了。

只希望這位個案的家人和太太可以理解，能給予他精神上的支持、陪伴。當然個案本人也要理解那個受驚嚇和充滿憎恨的自己，畢竟當時事發突然，一個人在青年時期要面對血跡斑斑的案發現場，各種低能量的負面情緒撲面而來，還需要理性的解決事情，對當時的他來說已經是盡了全力。

記得要主動觀察自己看到的物質面向（太陽、水星、土星、第六宮、第十宮），也要主動觀察看不到的心理面向（月亮、金星、冥王星、第四宮、第十二宮）。抓住這些資訊，看見真實的自己，在這種反覆刻意的主動向外、向內的觀察中，這些長年累積的情緒就會一層一層的被看見、被清理掉。

慢慢的，就能產生相信自己的力量，不管未來面臨任何困境和挑戰，也能相信自己是靠得住的。同時不管心情怎樣的起伏，這種相信自己的力量可以幫助我們更好的理解自己和他人。

第 3 部

遠離內耗

跨越陷阱

雖然我們同處在一個世界，但每個人眼裡看到的世界是不一樣的。為什麼我們有時候精神抖擻，看什麼都能樂觀一點，而有時候卻無精打采，什麼都沒做就一身疲勞、感覺歷經滄桑呢？

生活中，本來就有各種不確定性，會遇到各種意想不到的事和人，這些人、事、物排列起來，有讓我們開心的事，也有讓我們不舒服的事，有的我們可以主導，有的我們完全無能為力。

這時候，如果我們還不夠成熟，不能正確認知和接納生命的各種不確定性，不管遇到什麼，很容易會陷入精神上的困境，包含過度的緊張焦慮、心情低落、自我懷疑苛責、猶豫不決、專注力低下、疲憊發懶等等。像這些長期處於高壓或緊張的心理狀態，美國心理學家鮑邁斯特（Baumeister）將這樣的狀態稱為「自我損耗」（Ego-depletion/self depletion）。

這種損耗現象會造成我們的執行力和意志力都嚴重下降，經歷越多，越容易感到疲勞，很容易覺得做什麼都提不起興致；回憶著以前的事還感到焦慮和糾結；想東想西又什麼都不想做；該睡的時候卻睡不著，該醒的時候總是很睏；宅在家裡一天很快就過去了，出門在外又覺得時間過很慢。有這些狀況時，就要注意了。出現以上症狀，多半不是因為你老了，而是你的精神正在內耗。

這種內耗的現象不僅會發生在對人情世故、社會環境無法掌握的人身上，也會發生在我們人生的過渡期、轉折期、變化期這些階段。

比如說，去不同的城市上學；在不同的公司上班，轉換不同的行業；決定交往、結婚、生子等等。這些人生的交替階段，都是我們對環境、關係與自我定位處於模糊認知的階段，容易產生大量的精神內耗。

所以，在生活裡，精神內耗無處不在，但又極其隱蔽，如果沒有相關的認知推動我們去刻意且隨時觀察自己的心理變化，就不容易被察覺；我們的言行舉止，甚至精神狀態，會很容易落入心理能量被耗盡、精神被拉垮的境況。

不過，如果我們可以積極觀察自己的情緒，建立關鍵的認知，就有機會辨認出情緒來源。透過認知的建立可以增強心理能量，也就是增加情緒的掌控力、面對壓力的應對方法，以及對自己的正確認知和信心，就能夠解開心裡的迷思，踏出內耗的陷阱，提升生活的品質，因此獲得自我成長和心靈平靜。

07

解開心靈的迷思——建立精準的自我認知

你對自己了解多少？

你可能覺得你還滿了解自己的。自己喜歡什麼、討厭什麼、擅長什麼、不擅長什麼、想做什麼、不想做什麼……只要有一定的閱歷，你對自己的理解一定可以如數家珍，可以說出很多關於自己的資訊。

不過，愛爾蘭作家奧斯卡・王爾德（Oscar Wilde）曾說過：「只有淺薄的人才了解自己。（Only the shallow know themselves.）」這是他在一八九四年的感嘆，隔年他就捲入了司法審判。

我想，這是他對自己生命歷程的深刻理解。人確實是在人生的各種經歷中，一點一點了解自己的。

從跟隨直覺到認清自己

王爾德早年非常成功，在最著名的大學裡拿獎學金，以最優異的成績畢業，還同時獲得詩歌獎。他原本是古典主義、唯美主義的擁護者，在文學事業獲得成功的同時，還和一位知名律師的女兒結婚生子。在別人眼裡，王爾德就是人生勝利組。

王爾德的私生活和他的作品一樣總是不按牌理出牌，他後來爆出所謂的「醜聞」就讓他的婚姻備受考驗，他承認了自己是一位同性戀者。當時，在英格蘭的同性戀會被定罪為「嚴重猥褻」，被指控這種罪名的人不僅會身敗名裂，還會有嚴酷的牢獄之災。

本來王爾德在官司訴訟中途一度想放棄，後來，他聽從母親說要「為自己戰鬥」的鼓勵，在反覆猶豫中，終於在法庭審理中表明了自己的立場：

（同性之間的）愛也是美麗的、美好的、高尚的。只要年長的人有帶領這段關係的智慧，年輕的人在這段關係中可以感受到快樂、希望和生命的美好，那麼，這份愛就可以很自然的存在於我們有年齡差的兩個男人之間。

我並不需要因為這樣的愛而感到難為情，這份愛本來是一件自然美好的事，但不理解的人只會嘲笑，還給懂愛的人貼上恥辱的標籤。

王爾德的太陽、金星都在天秤第二宮，天生對於唯美主義有極高的嚮往，以至於到後來才發現，他的愛情觀已經消融了性別的隔閡，只希望心中的愛能回歸到最完美的純真狀態。

這種對美、對愛、對自我理想追求的自我探索，在一八九五年四月，當庭被交叉盤問的時候，他確認了自己對愛的認知和信念（太陽金星三分相土星，經過挫折和考驗，才有機會得到自我確認），在前面的反抗和猶豫不決中，最終勇敢面對自己，面對當時社會對於同性戀的歧視。

雖然一個月後，他被判入獄，被獅子守護十二宮的他，還是希望可以有所建樹，於是在獄中寫下了詩作《雷丁監獄之歌》和書信集《深淵書簡》。這時候的他對自己有了更深刻的認知——一個時代文明和藝術的中立者。

王爾德意識到自己矛盾的價值觀，一面順應潮流、豐富多彩（火星射手），一面逆流而行、顛覆叛逆（天王星金牛）。他說過：「我唯一犯的錯是，作為花園裡的一顆樹，我只想看到自己被照亮的那一面，而避開了沒有被光找到的陰影面。」（上升處女座，太陽天秤二宮，冥王金牛八宮。）

王爾德想要追逐極致的美，卻忽略了背後可能不美的動機和代價。他理解到自己認為美的，很可能造成別人的痛苦，比如他的太太和孩子們因此受的苦；比如他曾經認為美好的同性戀人。

這麼深刻的認知，是在這麼痛苦的人生代價中獲得的，而在他獲釋的三年後，這曾經璀璨奪目的星星殞落而逝。

王爾德跟隨直覺的人生軌跡，表現在文學作品中是有文學建樹的（火星射手三宮），但就算有一定程度的自我探索和自我認知，如果在沒有確切了解自己的狀況下就做決定、冒然行動（「天王星金牛九宮」對分相「水星天蠍三宮」），就可能釀出自己無法承受的災禍。

自我認知上的迷思與盲點

人類的心靈比我們想像的要複雜很多，就算我們自己都會有自我認知上的迷思和盲點。有些時候，我們會高估自己，以為只要自己願意，就能夠擺平一切（這種認知偏差，可以在占星學中看木星）；有時候我們會低估自己，以為無論如何可能都無法度過當下難關（這種認知偏差，可以在占星學中看土星）。

心理學家稱這樣的現象為「達克效應」。不管是過高還是過低的預估了自己的能力，究其原因有兩種可能：一是對特定領域的認知不足（土星通常代表物理界的知識，木星代表精神界的知識）；二是洞察力、學習力不足（這部分可以看水星和天王星）。

這樣就可以進一步了解，當我們無法理解為什麼某些事會找上門時，代表在發生事情之前，我們對自己的認知存在著迷思和誤解。因為沒有做到精確的判斷和認知，導致某些事沒能看見、面對，當事情發酵到某個地步，才在驚愕與手足無措中警覺到某些事可能沒有及時處理。

我們的心就是充滿矛盾和多重性的場所，在不同狀況下，可能會展現出截然不同的態度和行為。這種矛盾性立場和多重性心理，讓自我的認知變得更複雜和模糊。

前面提到的王爾德在臨終前的自我反思，就是一個很好的例子。他認知到自己在追尋純粹的愛情，背後的代價是違背了身為父親和丈夫的立場。

只要開啟了婚外情，不管這份愛情對他而言有多純潔，在他的角色立場上來看，都是貪婪和不負責的，這份感情就不純潔了。

他也認知到，單論他對同性戀人的愛情，他最終付出了全部的真心，並違逆當時社會的道德壓力，對大眾和司法坦承了他對同性之愛的崇高敬仰。當時他的同性戀人和朋友希望他可以暫時出國迴避司法的傳喚，讓大事化小，但他先是消極的任其擺布，後來決定勇敢的承擔這一切。

這在他的信念和自我認同部分是有積極意義的。他不再靠文學作品來宣洩自己不敢承認的情感，他想坦蕩蕩的發表自己的看法、做出自己的選擇。

只不過，這一次，他雖然沒有高估自己的能力，卻高估了當時維多利亞時期的政治局勢和民風。後來，當他被牢獄之災磨得銳氣盡失，他唯美主義的光環（太陽金星天秤）已經黯淡無光，同性戀人最終也對他失去了興趣，覺得他「跌落神壇後不再有趣」（「凱龍魔羯四宮」三分相「天王金牛九宮」）。

憑藉自身的才華和事業的穩步上升，王爾德還是不小心在生活上高估了自己。從高估自己的愛情開始，在原本婚姻的存續期間展開地下婚外情，再到沒有處理好與同性情人父親之間的關係。

王爾德的生活一步錯、步步錯，直至把自己手上的一副好牌散落一地。雖然後世有看見他卓越的文學建樹和坦承同性戀情的先鋒勇氣，但他的生命終點卻是在孤獨和病痛中結束的，離世時年僅四十六歲。

建立精準的自我認知

作為現代人，我們有太多前輩們的先例、被研究出來的哲學和心理學論點都可以幫助我們站在諸位巨人的肩膀上，更好的經營自己的人生。

雖然人生沒有絕對的好與不好，但經營一個感受美好的人生，還是有機會的，前提就是要解開自我迷思，建立精準的自我認知。

簡單說，**建立精確的自我認知是一個刻意的、連續的過程。這中間最關鍵的就是要避免自我認知偏差**。

首先，要及時覺察反芻自己的狀況（可以利用太陽和水星的特質），避免衝動行動和決定（看火星特質）。

第二，要不斷吸收新訊息，提升認知（看水星、木星的特質）。

第三，用辯證思維來看自己的觀點，習慣性的從正面看積極影響，也要從反面看消極風險（看太陽、冥王星、上升的特質）。

第四，擺正自己在各個角色中的權力和責任（看土星的特質）。

第五，多聽聽權威的意見（看土星、木星、太陽、十宮的特質）。

在愛因斯坦的相對論中也告訴我們一個結論：**一切事物都是相對的，是交互作用的，沒有絕對的標準**。

在現代主流相對論的世界觀下，我們的自我認知也會受到影響，我們對自己的認知也會建立在不同的時空、環境和人物關係中。因此，我們要意識到，**自我認知是一個動態的過程，這種認知會隨著時空、環境、關係的變化而變化**。在跟隨直覺追逐自我認同的同時，也要保持相對的冷靜思考，這樣就更容易貼近本質，不容易造成情緒的干擾和內耗。

在生命歷程中不斷的探索和思考，從中認識自己的優缺點，證實自己潛在的能力和問題，就能對自我的認知不斷聚焦和深化，也可以更好的理解自己，找到適合自己的內在平衡狀態。

在心理平衡的狀態下，讓我們遠離內耗，跨越陷阱，扛過考驗，把人生的路走得越來越好。

08

區分「同理」與「同情」——精神能量的有效分配

幾年前，我的一位閨蜜懷孕，我們知道這個好消息的時候真的是開心得不得了。但很妙的是，在我這位閨蜜懷孕的初期，她老公很常乾嘔想吐，她自己的身體倒是沒什麼反應。

他們本來以為，男生乾嘔可能是胃食道逆流，或者是工作壓力太大的關係。後來因為乾嘔的狀況一直持續，影響到生活，看了醫師才知道，原來她先生有「擬娩症候群」（Couvade Syndrome），又稱感性妊娠。

「原來是老公心疼我，他心理壓力太大了！」她在跟我說這件事的時候，又心疼又好笑。只能說，這種反應雖然讓閨蜜的老公難受了點，卻也是他們夫妻恩愛、共同面對生活關卡的美好感情見證。

耶魯大學精神病學專家伯納德．貝特曼（Bernard Beitman）在一篇研究論文中說：「發生感性妊娠的先生，其實是因為和懷孕的太太有相似的生活節奏，因為生理節奏和太太雷同，自然而然能感受到太太的身體狀況。」這是生理上的同理心，有點像是心靈感應。

但是陌生人之間是否有這種同理心呢？

共時性的科學驗證

有一個實驗叫「甘茲菲爾德實驗（The Ganzfeld Experiment）」。這個研究從二十世紀七〇年代開始到現在，研究主題是榮格提出的人類潛意識和共時性。

這個實驗是用感官剝奪的方式，由一個人用意念傳送訊息給另一個無法用感官搜集訊息的人。目前實驗的結論是，有百分之三十二．一的訊息傳輸準確率，是大於百分之二十五物理猜測準確率的。

這個結論的科學意義在於，雖然存在的證據是以微勝的數據出現，但這個數據從科學實驗精神的意義上來看，人類的心靈感應和共識性確實是存在的。不過這個實驗被科學界認為，這種不借助任何感官或物理媒介傳遞訊息的模式，因為無法得到重複驗證，目前還是被科學界歸類為「玄學」領域。

這裡插播一下，瑞士心理學家榮格（C. G. Jung）是奧地利精神分析學家佛洛伊德的學生，也是我學習的現代占星新流派的開創者。他經過在非洲和美洲對原始人類心理的調查研究，最終提出關於「人的整體性心理架構」這概念。

榮格認為，一個人的人格可以分成三個層次：意識（ego）、個人潛意識（personal unconscious）、集體潛意識（collective unconscious）。和佛洛伊德對人格的理解層次有所差別——本我（ＩＤ）、我（ego）、超我（super-ego）。榮格還定義了共時性（synchronicity）這個概念，他認為人們產生共時性，就是一種有意義的巧合，而且這個巧合一般很難用因果原理來論證。

最近，德國精神分析學家里夫施萊格（Gunnar Immo Reefschläger）重點研究了「共時性」在臨床心理治療中的積極作用[4]。二〇二三年五月，美國

---

4 參自 *Structural Aspects of Synchronistic Moments in Psychotherapy—Findings of an Empirical Study of Synchronicities in Psychotherapy and Psychoanalysis*, G. I. (2024)。

食品藥物管理署（ＦＤＡ）批准了科技巨頭馬斯克（Elon Musk）合作創立的神經技術新創公司Neuralink，可以進行人體臨床研究。他的團隊在研究腦機介面（ＢＣＩ）領域，他們把人的腦中植入一個電極（electrode）稱為「Link」，這個技術系統致力於把人體大腦信號轉化為外部技術命令。

當初為了這個技術，他們也做過一個類似心靈感應的實驗。進行實驗的兩組人員地理位置分別位於印度和法國兩個國家，在法國的實驗人員把植入Link的實驗者在想的內容編輯成二進制的信號，傳送到印度，在印度的實驗人員收到信號後，經過解碼再輸入已植入Link的實驗者腦中。

這是一個用物理信號的方式來表現心靈感應的實驗。實驗結果顯示，信號經過傳輸—解讀—回傳，準確率高達百分之八十五，而這些不準確的數據，出錯的部分大多發生在發射端和接受端的操作問題上，也就是說，大致上來看，信號的錯誤和實驗者的解讀錯誤的可能性，沒有太大的因果關係。

這個實驗讓我們從物理的角度看到了心靈感應，也就是共時性的存在。腦機結合的訊息傳輸準確率被證實已經很高了，那麼人的大腦和大腦之間的訊息同步傳輸準確率，又是多少呢？這中間牽涉到我們能否意識到、是否願意同步傳輸，以及我們對訊息的辨識能力等等問題，都值得我們再進一步探究。

同理心與同情心

我們所謂的共時性和心靈感應，其實就是產生「同理心」的源頭。

當我們對一個人產生同理心，就是對這個人的各種想法、感官可見的情緒和感官不可見的情感，都能以微妙且系統的方式接收到對方內心正產生的各種複雜信號。我們的內在感知可以透過人格的三種層次——意識、潛意識、集體潛意識，同時對這組複雜信號做系統性的解構和處理，這時我們的情感就能對另一個人的情感產生共鳴；當我們的認知能力大於等於對方的認知能力時，就可以精準的對對方的情緒信號做同理心解讀。

不過，當我們的認知能力小於對方的認知能力時，我們就會因為無法解讀對方的情緒而產生「情緒超載」的現象，由此而感到壓力大、排斥、不理解等相對負面的情感。

「同情」可以算是「同理心」的其中一種表現。它們的相同之處在於一樣試圖關注和理解對方的情緒感受，也能同時感知到對方一種或一種以上的情感意識狀態，也能分辨和解釋對方正在經歷的感受。

而不一樣的地方在於「同理」是指能夠理解並感受他人情感的能力，當我們能夠站在對方的角度去感受和理解他們的情感時，我們就展現了同理心。這種能力使我們更能貼近他人，建立起真誠的連結，從而促進溝通和理解。

相比之下，「同情」則是指對他人處境的憐憫。當我們對他人的困境感到同情時，往往是站在一個比較客觀的位置去評價他們的情況，而不是真正感受到他們所處的情感狀態。同情帶有一種距離感，可能會讓對方感到被視為弱者或可憐人，而不是平等的夥伴。

同理心與同情心

前面講了那麼多科學實驗數據和哲學家們的認知，接著來看看現實的生活。在人與人的互動中，同理心和同情心很常出現，但很容易被概念混淆，只是看我們有沒有意識到而已。

這兩種心態其實普遍存在於我們不同的關係中，比如說工作中，會出現在老闆對員工有沒有同理心？員工之間能不能因為同理心而互相協助？而在感情中，我們對對方是因為同理心而產生情感共鳴呢？還是因為同情心而決定跟對方在一起呢？

正因為我們常常有意識和無意識的產生同理心和同情心，又不一定能夠及時分辨出自己產生的到底是同理心還是同情心，這樣就很容易產生精神內耗。

以前面的例子來看，在工作中，如果你是老闆，員工某個地方出錯，如果你以同情心處理，可能會是以下這種情況：你感受到員工的困境，覺得他很可憐，於是決定不追究他的責任，甚至幫他完成了工作。

這種處理方式可能會導致員工不會反思自己的錯誤，也不會有動力去改進，長期下來會讓他們缺乏責任感和自我提升的動力。而你自己可能也會感到疲憊和不滿，因為一直在為他們的錯誤買單，這會引發心理內耗。

反之，如果你用同理心處理，你會嘗試理解員工為什麼會犯錯，了解他們面臨的困難。你會和他們一起討論問題的根源，提供支持和建議，幫助他們找到解決方案。這樣的方式不僅能讓員工感受到你的理解和支持，還能激勵他們去改進自己的工作能力，提升責任感。而且，因為你沒有完全代替他們解決問題，你自己也不會因為承擔過多的責任而感到疲憊。

在感情中，如果你是因為同情心而決定和對方在一起，可能是因為你看到對方生活困難，感到對方需要你的幫助和支持。這種關係基於一種施予和接受的不平等，很容易讓你感到壓力和疲憊，因為你總是在付出而對方總是在接受。對方也可能會因為這種關係感到自卑和依賴，難以獨立。長此以往，兩個人的存在，彼此之間的感情既有壓力又有利益依賴。

這種兩個人都能明顯感受到不平等的關係，很難發展出互相支持、彼此崇拜、長期具吸引力的關係。相反的，如果你是因為同理心而與對方在一起，你會真正理解對方的感受和需要，並且在相互理解和尊重的基礎上建立親密關係。這樣的感情更能夠平等的交流和支持，兩人之間會有更多的情感共鳴和互相成長的空間。

不管工作還是感情，不小心誤用同情心和同理心都會導致關係破壞，產生心理內耗。同情心過度可能讓你感到疲憊和壓力，而同理心的缺乏則可能讓對方感到被忽視和不理解。

在關係破壞、心情不好的情況下，像是抱怨、過度反省、傷心、記恨等等的負面情緒就會接踵而至，很多人的關係出現問題又無法追根溯源去釐清狀況，就容易出現憂鬱、恐慌等精神狀態，就更因為精神內耗而走向情緒滾雪球的負面循環中。

從星盤看同理心

在占星學中，如果想研究一個人同理心會如何呈現，可以看他星盤中的海王星落在哪個宮位。因為海王星象徵了一個人的精神內在和直覺，容易理解他人的情感需求。

比如說，一個人的星盤中海王星坐落在第五宮，代表他對孩子、戀人更容易產生同理心。他也可以透過對別人的同理共鳴來發展自己的工作，如果他是藝術家，可以透過某些產生同理情緒的議題來創作；如果他是科技業者，可以透過同理別人的情緒來找到產品研發的靈感方向等等。

也可以從一個人的海王星落在哪個星座來看，因為這代表一個人哪方面個性較敏感，能夠深刻理解和感知他人。如果海王星坐落在射手座，代表他面對理念、動機、心態的時候，心情更容易起伏變化。在談戀愛的時候，對方有沒有犯錯對他來說不是重點，最重要的是，對方做任何事的背後動機是什麼。

如果這個動機是他認同的，他就很容易用同理的心情來包容、理解，如果這個動機他不認同，就算對方做了一件對他有幫助的事，海王星射手的人也不一定能感到開心，反而會對對方保持警惕，完全無法同理對方的所作所為。

想看一個人的同情心是什麼時候容易被激發，就要看他星盤中的月亮落在哪個宮位。

月亮代表了一個人的情感需求、安全感和本能反應，揭示了他在什麼情況下會最自然的流露出同情心。

比如說，一個人的星盤中月亮落在第一宮，代表他個性細膩敏感，更容易將心比心，感知到別人的個性、情緒和需求，也更容易因為同情而想要體貼和關心別人。

如果月亮落在巨蟹座，代表他對家有深深的眷戀，最看重的是歸屬感和安全感。因此家人對他來說非常重要，他會把家人的事看成是自己的事，同情心很容易被家人激發出來。當在面對孤獨、迷茫、沒有家庭溫暖的感受時，對他來說也是刻骨銘心的功課。所以如果有人跟他一樣有類似歸屬感、安全感的問題，就是激發他們的「聖母情節」的時候，他們會因為同情對方的遭遇而縱身跳下，想要接住對方，以此來彌補、投射自己的心理需求。

精神能量守恆

物質生活可以打造出一種穩定的狀態，但是心情和情緒無論如何打造都會是多變的。我們很容易因為受過傷而脆弱，很容易因為太在乎而有軟肋。當脆弱和軟肋被刻意或不經意的拿捏，我們的情緒和精神狀態就會跟著起起伏伏。

看清了這一點，我們就該有個認知——人的精神是有限的。既然精神和精力有限，就要珍惜著用，盡量不要過度使用我們的心靈能量，要保護好心中儲存的積極情緒，留給重要的人、重要的事使用。有了這樣的認知，我們就要借用物理學上的「能量守恆定律」。

我們的精神能量既不會憑空產生，也不會憑空消失，只會從一種形式轉化為另一種形式。從開心的變成不開心的，從消極的變成積極的。

簡單說就是，我們的精神能量始終都在，正面能量居多的時候，我們的感受就好一些，負面能量居多的時候，感受就差一些。正面能量總能讓人感覺到希望，雖然有時候是處在痛苦的、挫折的情緒。負面能量給人一種絕望的感受，雖然理性思考起來，好像擁有的也不少。

精神能量的好壞和情緒的高低不一定呈正相關，所以我們需要明智的分配自己的精神能量，不要無意識的被情緒支配。

尤其在人際關係中，無謂的爭吵、不必要的壓力、負面的社交互動，能避免就盡量避免。而辨別這些負面能量的源頭，就是要分清楚自己的「同理心」和「同情心」。不要浪費過多精力，不小心成為為別人而活的人。

為別人而活，表面上看起來很有責任感，事實上在另一些人看來卻是一種自以為是的英雄主義。因為別人永遠不能百分之百的了解你做了多少犧牲，付出多少心力，而且再怎麼努力也不一定能做到讓人百分百滿意的程度。過度浪費精神能量很可能會導向：你勾起了他的慾望，他給的卻是遺憾，最終關係走向兩敗俱傷。

為了保護我們的精神能量，我們需要學會設定界限。無論是在工作中或個人生活中，確立自己的底線，避免被他人的需求和情緒牽著走。學會說「不」，是一種重要的自我保護方法。**把我們的精神能量集中在那些真正重**

要的人事物上，優先處理那些對我們的生活和幸福真正有意義的事，盡量避免被瑣碎和無關緊要的人事物分散精力。

借用能量守恆定律概念，主要是幫助我們更有策略的管理精神能量，確保它被用在最有價值的地方。透過識別能量的消耗源、設定界限、優先處理重要的人事物、累積儲存積極的情緒、照顧好自己，我們才能正確運用同理心來經營人際關係，才能在工作和感情中建立健康、互相尊重、一起成長的關係，從根源上避免了心理內耗。

我們要盡量全然的用讓自己感到幸福的方式活著。

09

只接受尊重健康的關係
——去掉關係中的完美假象

人生最悲哀的就是，這不是我想要的生活，卻是我自找的生活。

人生是一系列選擇的累積，有時我們在某些時刻做出的決定，可能會導致所謂的理想道路，並不是自己真正想要的。最悲哀的是，當我們意識到這點的時候，才發現這一切都是自己一步步選擇出來的生活。

不健康的關係認知

李先生是一位典型的公司上班族。他年輕時熱情有活力，那時有理想，對未來有無限的憧憬。大學畢業後，他進入一家知名跨國企業。當菜鳥的時候，雖然工作充滿挑戰，但機會也多，他滿懷期待投入其中。

他太陽天秤十宮，對自我價值要求很高；冥王二宮，對金錢需求高，也很沒有安全感。這樣的個性和價值觀組合，讓他每天早出晚歸，加班成了家常便飯。工作壓力雖大，但他相信這一切都是為了未來更好的生活而打拚。

隨著時間推移，李先生在公司慢慢透過努力累積實力，漸漸的嶄露頭角，薪水隨之水漲船高。不過，和大部分男性上班族一樣，繁忙的工作讓他幾乎沒有時間陪家人和朋友。

他不僅平日忙，大部分的週末也總是忙於工作，甚至連假期都難得和家人好好享受。他的太太從一開始的理解、配合，到後來爭吵、失望，家庭氛圍變得越來越緊張。

這位個案的例子，真的很典型，相信不少家庭都或多或少有類似的狀況。

在事業上，李先生的努力沒有白費，他被提升為部門主管，負責一個重要的項目。但功成名就的背後，內心的孤獨感和沉重的責任與壓力，也是等比例逐漸上升。而工作中，他必須時時刻刻保持警惕，隨時準備應對各種問題和挑戰。這種高壓的工作環境使他無法放鬆，每天都處在緊繃的狀態中。

在一次項目啟動會議上，李先生的團隊遇到棘手的問題，需要加班解決。為了給客戶完美的答案，他只能選擇連續幾天幾夜在公司熬夜工作。當他拖著疲憊的身體終於回到家，等著他的竟是太太放在桌上的一紙離婚協議書。

他知道，這次已經無法挽回了。他曾經答應過太太，在工作和家庭之間要盡力平衡。可是看看他現在的狀況，如果想要平衡就等於不想要這個職位。有多少人虎視眈眈盯著他現在的位子，希望能擠上來。

但他同時也能理解太太的心情，家裡都靠她一個人忙裡忙外。這幾天加班，兩個孩子一個發燒、一個要進行畢業典禮，他放著她一個人忙不完。金星天蠍十一宮的他，對於關係總保持著「永遠要盡全力保護家人，但也很有可能無法永遠在一起」的信念，這一切的無奈和委屈湧上心頭。儘管有幾分不捨，但兩人都站在各自的立場不妥協，他們夫妻誰也無法再繼續包容理解對方了。

其實李先生和太太兩個人之前為了家庭和事業的平衡問題，吵了不知道多少次。追根究柢，好像沒有誰是完全對的，也沒有誰是完全錯的，事情就是這麼無解。

李先生開始反思自己一路走來的人生選擇，心想：「這真的是我想要的生活嗎？」當初選擇這份工作，是想要出人頭地，想賺錢並獲得個人成就，讓自己或家人都能有好的生活保障。當初選擇和太太結婚，也是因為她願意和自己一起努力，互相支持雙方的需求。怎麼現在就不能各自讓步了呢？

他曾經跟太太說過重話：「你不支持我的工作，那你和孩子吃的、住的要從哪裡來？」

太太也說過重話：「如果沒有我努力維持這個家，你覺得只要好好工作賺錢，生活真的可以過得像現在一樣愜意舒服嗎？」

其實，這種進退兩難矛盾關係的產生，只要稍微追溯一下，我們可以發現，基本上源頭都是來自不健康的關係認知。

追求完美的心態會帶來壓力

很多關係，在一開始就存在著認知的完美假象（請觀察金星坐落的星座和宮位）。這些假象讓我們誤以為，只要簡單履行某種承諾，就可以走向我們想要的幸福。

但實際上，追求完美的心態，先產生的不是幸福的願景，而是壓力和挫敗感。李先生的經歷就是一個典型的例子。他為了追求事業上的成功，忽視了內心需求和家庭的某部分責任。他太太為了追求家庭的經營，也忽視了內心的需求和對先生的同理。

當我們太急著想要獲得幸福，就會對自己的能力評估過高，對對方的需求容易忽略，只想一心達成心中構建的完美藍圖。在這種心態下，很容易對對方期望過高，也會感到自己一個人的努力遠遠不夠。

想不停追逐幸福，卻又感覺對方好像不是神隊友，這樣容易讓內心感到孤獨又充滿挫敗，那種無助感時不時會席捲心頭。當大家都把焦點放在對方有沒有和自己一起努力的時候，往往會忘記回來重新思考源頭——什麼是幸福？我們現在追求的幸福藍圖還長得一樣嗎？

其實，隨著生活的經歷變多，人的認知是會變的。當初締結關係時所達成的一致觀念，如果沒有隨時互相了解調整，兩個人的認知沒有同步成長的話，到後面很可能會走向不同的方向。

而當關係走到各說各話的狀態，最常見的就是兩個人開始講道理，希望彼此理解自己的觀念。然而，人一旦開始講道理，就一定不會有真理。

因為道理是站在某個立場上出現的，道理講著講著就會變成爭執、吵架。

接納與尊重彼此的不完美

說到吵架，最常見的就是大家常說的ＰＵＡ——利用一些心理技巧來解釋（扭曲）現象，以此達到自己的目的（這部分可以看水星坐落的星座，通常水星處女、天蠍、獅子、魔羯，容易出現這種ＰＵＡ的傾向）。

這種方式，表面上看是理性的、講道理的，事實上是建立在不平等、不尊重的基礎上，長期下來會對一個人的自尊、自信造成很大的負面影響。

像前面李先生和太太的爭執，以及他對事業的極端追求和對家庭的忽視，實際上也是一種不健康的操縱行為。他試圖透過事業成功來證明自己的價值，卻忽略了與伴侶和家人的真實互動與情感需求。拒絕ＰＵＡ的核心在於回歸真實，尊重彼此，並且在關係中尋求互相包容和理解。

簡單說，需要講道理的人，就不需要跟他在一起，尤其是親密關係，是一種講「愛」的關係，比起講道理，更應該彼此支持和呵護。真正的幸福應該來自於接受彼此的不完美，而不是在刻意或下意識的追求完美假象的同時，再苛刻的指責對方的不足。

關係其實就像鏡子，能照出一個人真實的樣子。當關係健康的時候，我們本身的狀態也是相對健康的，願意看到自己的不足，也願意尊重不同，這種求同存異、珍惜彼此的心態，才能讓關係處在美好的健康狀態。

避免不健康的關係

不健康的關係有哪些狀況呢？

首先，不健康的關係總是要求對方，而不是要求自己。總是覺得對方哪裡做得不夠好，覺得對方要求的太多不給空間，而不是去認真了解自己的信念和需求，也不懂自己的期待和底線在哪裡。

其次，不健康的關係總是期待對方改變，希望對方變成自己期望的樣子。要知道他人是無法彌補我們內心缺憾的，期待對方改變來彌補自己的內心缺口，就是沒有做到互相尊重，這樣其實是過度依賴的表現。

第三，就是我們前面提到的完美假象。如果遇到對方做得不好，無論對方採用什麼態度都抓住不放，不給予一些的空間和理解，那麼這段關係絕對不健康，因為沒有人是完美無缺的人。

第四，不健康的關係是弱弱相惜。兩個人至少其中一個人，甚至是兩個人都無法獨立的好好照顧自己，都期待對方給自己安全感、金錢、情緒價值、性滿足，以此來讓自己遠離空虛。這樣的關係非常不健康，也很難互相尊重，因為彼此都容易為了讓對方時刻填滿、滿足自己，而讓控制慾望越長越烈。

第五，不健康的關係總是做互相激怒的事，而不是互相感恩。

無論兩個人相遇時有多麼的彼此吸引，要記得，你們本來是互相不認識的陌生人，在相遇之前，曾經是完全不知道對方存在的平行世界，但是因為相遇，因為緣分的吸引，因為親密，兩個世界好像已經變成同一個世界。

多位心理學家經過長期接力研究發現，在戀愛的初期，腦內分泌的多巴胺等神經傳遞物質會讓人產生強烈的吸引力。然而，兩個不同的世界相遇，彼此不同的認知、習慣信念也會帶來摩擦，如果一旦發現不同，就使用激怒對方的態度和語言，這樣的關係會非常不健康。相反的，只要想到對方曾經是陌生人，現在卻互相依偎一起面對人生的一切，應該要對對方的努力感到由衷的感謝。

想要建立健康且互相尊重的關係，美國人本主義心理學家羅傑斯（Carl Ransom Rogers）提出：無條件積極關注自己，可以讓一個人、一個關係越來越鬆弛。共情、真誠、無條件積極關注，是我們日常中非常需要的支持力量。

少指責，少消極的表達，也可以換個方式說看看：「你有什麼想法？」「你感覺怎麼樣？」「你有什麼好建議？」無條件允許對方有自己的情緒個性，以此來引導對方發掘、發現內心的感受，關係中彼此的人格與自我認同感，可以慢慢建立得更完整。

健康的關係，最關鍵的就是關注和尊重。關注就是關心對方，關心他的心情（月亮、金星）、需求（月亮）、言行（水星、火星）、失落（土星、凱龍、冥王星）等等。尊重就是給對方足夠的鼓勵（太陽、海王星），允許對方能夠自由的表達（水星、木星），充分的給予對方空間（火星、天王星）。

永遠不要和別人一起欺負自己，也不要浪費自己寶貴的這一生去欺負別人。**人生是自己的，只要你不否定自己，就沒有人能貶低你，只要你願意聽自己內心的聲音，就沒有人能左右你。**經營一份關係，就只去接受尊重健康的關係。

建立健康的關係

建立一段健康且互相尊重的關係，需要深度的探索和實踐，不是單靠直覺、感受和情緒。具體來說，首先要有開放的心態（這裡可以使用自己木星的特質）。

開放的心態意味著我們願意傾聽對方的感受和需求，並且真誠表達自己的感受和需求。這是健康關係的基礎，因為沒有真誠的溝通，就無法達到真正的理解和支持。

在生活中，我們常常被繁忙的工作和生活淹沒，很容易靠著潛意識的默契互動，忽視伴侶當下真正的狀態。及時有效的溝通，就可以及時說出自己的想法，更重要的是學會隨時關注和傾聽對方。

傾聽不僅僅是聽到對方說什麼，更是理解對方言行背後的情緒和需求。當我們真誠的傾聽對方，對方會感受到被重視和被理解，彼此如果能常常做到及時接住對方的需求，才能經營出深厚的信任和親密感。

其次，尊重對方的選擇和決定，給對方足夠的空間和自由，是維持健康關係的另一個重點（這裡可以使用自己金星的特質）。每個人都有自己的生活方式、價值觀和需求，這些其實也是每個人獨特魅力的源頭。

在一段健康的關係中，我們需要尊重對方的這些特點，而不是試圖改變對方來迎合自己。尊重對方的選擇，就算有些決定可能和我們的期待和想像不同，最好是在告訴對方你真實想法的同時，也尊重和接受對方的決定，即使這些決定有時可能與我們的期待不同。

這種尊重體現在日常生活的方方面面，例如尊重對方的工作安排、興趣愛好、社交圈子等等。當我們給予對方足夠的空間和自由，對方會感受到被尊重和被信任，這有助於增強彼此的親密感和關係的穩定性。

第三，包容和接納對方的缺點和不足，是建立健康關係的關鍵（這裡可以使用自己月亮的特質）。每個人都有不完美的地方，這些不完美可能是性格上的缺點，也可能是行為上的不足。

在一段健康的關係中，需要學著一次比一次多一點包容對方的不完美。最好不要被情緒牽著走，下意識的去指責和挑剔。包容意味著我們能夠理解對方的不足和現實狀況，並且在對方需要幫助的時候，伸出手給予最大的支持。

這種包容和接納，不僅能讓對方感受到被愛和被支持，也有助於我們自己內心的成長和成熟。當我們能夠以寬容和理解的態度對待對方時，我們的內心也會變得更加平和和充盈。

第四，遇到任何事，互相照顧和支持是維持健康關係的重要因素（這裡可以使用自己海王星的特質）。生活中，我們會遇到各種各樣的問題，可能來自工作壓力、家庭問題、健康狀況……在這些脆弱、迷茫的時刻，我們更需要伴侶的支持和鼓勵，一定不是理性的建議和抱怨。

支持和鼓勵意味著我們能在對方需要的時候，及時給予情感上的安慰和實際上的協助。比如說，在對方面對工作壓力時，可以對他表達生活和精神上的關心，讓他在無力時感覺到來自你的支持和溫暖；在對方生病時，可以陪伴並照顧他。能夠彼此信任和依賴的關係，才能更加穩固和持久。

還有，前面一直強調的，健康的關係需要去掉濾鏡，不要把完美的假象當真（這裡可以多使用自己太陽的特質）。每個人都會有缺點和不足，沒有誰是完美的，也不太會有任何人是為我們量身訂製的。

幸福來自包容和接納

在一段關係中，要接受彼此的不完美，並且在這些不完美中找到相互扶持和成長的機會。

完美的假象常常來自我們對幸福的誤解。我們以為只有完美的關係才能帶來幸福，但實際上，幸福來自於我們對彼此的包容和接納。當我們能夠真誠的面對彼此的缺點，並且在缺點中找到相互成長的機會，關係才能真正走向健康和穩定。

最後就是要精神獨立，保持頭腦的清醒。再愛也不要戀愛腦到沒有底線，要會分辨對方言行背後的動機是什麼，拒絕一切有目的的PUA。

健康的關係是要互相坦誠的溝通和磨合，不是透過操控和欺騙來達到自己的目的（這裡可以使用自己火星的特質）。我們要知道自己的弱點和慾望是什麼，先坦誠的面對自己，就不容易在慌亂、脆弱的時候被牽著鼻子走。

總的來說，想要擁有健康的關係，就要有經營健康關係的意識和認知。

知道如何經營很重要，知道風險在哪也很重要。只有知道什麼該防範，才知道往哪裡走、怎麼走是安全的。先保護好自己，再保護好感情關係，這樣長久下來才能維持健康的關係。

10

「財務自由」與「心的自由」——財務對人的影響

在我看來，我們現代人很可憐，都在為一個虛擬的東西努力——錢。我們已經習慣了每天做的這些事：一日三餐、睡覺上班、購物買房、旅行娛樂。不過，你想過嗎？我們會過這樣的生活並不是理所當然的，而是一步一步發展出來的。

從社會生活發展談起

讓我們回推一下。現在的我們過的是「知識社會」。愛爾蘭一項研究顯示，現在的社會是用知識賺錢的社會，有百分之七十到八十的社會經濟成長可能源於更新、更好的知識[5]。也就是說，雖然我們每天思考或掙扎的是想買房子、想去哪玩、想吃什麼美食、想和誰在一起這類生存問題，但這個社會的賺錢動能是來自於知識，這不是以生命生存為直接目的的資源。

現在是二〇二四年，這樣的社會型態，到目前我寫這本書為止，只持續了二十四年，你現在有適應這樣的社會型態了嗎？

再往前一點，是從一九三〇年到二十世紀結束。這七十年間，我們曾經是後工業社會及資訊社會。誰知道的資訊多、了解的資訊快、掌握獨家的資訊，就可以賺到錢。這七十年在我看來，就是科技和人脈帶來的弱肉強食商業社會。資源掌握在權威手裡，其他人就是想辦法從權威那裡找飯吃。誰拿到的餅大，誰的市場份額就大。那時候的你，處在幾歲的什麼階段呢？

我們繼續往前推，公元十五、十六世紀到十九世紀末、二十世紀初。這段時間，資本主義工業化經濟系統花了五百年，改變了人類社會的生活和

5 參自 *Building the Knowledge Society. Report to Government, December 2002. Information Society Commission,* Ireland. Retrieved 20 October 2009。

消費習慣。製造業讓農業系統的重要性大後退，各種工業製造用品成為經濟發展的主流，甚至到過剩的狀態。

所以我們習慣去市場、超市買食材，購買大量電器做為我們成家（電視、冰箱）立業（電腦、手機、工業機器、銀行系統）、出門（機車、汽車、公車、火車、飛機、輪船）的生活必需品，習慣考大專院校的十幾年教育計畫，習慣將錢存在銀行，人在公司、工廠、學校、賣場……人類的這些習慣就持續了五百多年。你對這些有產生過懷疑嗎？

再往前，封建社會、園藝型社會、農業社會、畜牧業社會、狩獵採集社會、原始社會……這些持續了兩百萬年，或者更久。這些經濟體一次又一次的轉變，我們的生活習慣和對錢的觀念也跟著一步一步變化。如果用這個邏輯看，你又會怎麼看待我們現在的生活呢？

如果說，在遠古以物易物的時代，大家努力生活，都是為了取得生存所需的食物和用品。那麼，我們是從什麼時候開始單純的為了虛擬的錢而努力呢？

最早有記載也經過文物考證的錢，叫做貝幣。那是夏代經濟模式下的產物，距今已經有四千多年。也就是說，如果你認為有錢的生活會好過一點、心情會開朗一點、生存壓力會小一點，你的基因應該累積了有五十七代了（假設每一代祖先可以活七十歲的話）。

你發現了嗎？我們用家族五十七代的時間來累積「金錢之於人生的重要性」這個訊息。但人類是大約在距今五百至七百萬年前誕生的。用五百萬年和四千年相比，也就是用「生存系統」和「經濟系統」比，你覺得人類更容易被哪個系統操縱？

沒錯，我認為我們更容易被生存系統操縱，但複雜的是，我們也累積了四千年的經濟系統基因。所以**只要我們稍微不獨立思考，就容易把對生存的恐懼，誤認為是對經濟系統的敬畏**。

然而，以我們的基因和大腦思維習慣來看，生存議題應該遠遠大於對錢的追逐。那再接著一開始我們講的，如果我們每天在思考或掙扎的是想買房子、想去哪玩、想吃什麼美食、想和誰在一起……這些生存議題，可以很直觀的用錢的經濟系統來解決，但當我們再追根溯源的思考，想解決我們每天煩惱的這些生存議題，最根本的還是要面對我們基因裡對於生存的恐懼。

心的不自由，來自財務的不自由？

簡單說，解決了對生存的恐懼，就解決了焦慮的心情。所以這裡又有一個邏輯出現了——財務自由，心就自由了；心自由了，財務應該也自由了。財務和心態是互為表裡、互為因果的邏輯。

很有趣的是，在占星學中，第二宮代表我們的身體、價值觀、正財收入，而對宮第八宮代表了我們的潛意識、家族遺產、金融理財的收入。占星學中，早就埋好了這一歷史大輪盤的彩蛋——財務與心態，是相輔相成的。「財務自由」和「心的自由」，表明上看是兩個不同的概念，但實際上它們之間有深刻的互動和依存關係。

德國心理學家、家族排列系統療法心理治療大師伯特．海靈格（Bert Hellinger），曾討論過金錢和人的靈性之間的關係。他認為，金錢不僅是物質資源，更具有靈性層面。只有當我們尊重金錢的靈性，金錢才會有機會流向我們。

在他的家庭系統理論中，金錢被視為家庭能量的一部分。金錢的流動反映了家庭系統的健康狀況。例如，如果家庭成員之間有未解決的衝突或創傷，可能會影響金錢的流動。反之，和諧的家庭關係能促進金錢的順利流通。因此個人在追求財務自由的過程中，也需要關注家庭關係的和諧。

他還指出，金錢具有療癒功能。在家庭排列中，金錢可以被用來修復家庭系統的斷裂，例如透過金錢的適當分配，可以平衡家庭成員之間的能量，從而達到內心的平靜與和諧。

不管是個人還是家族，海靈格重複強調了財務與心態的關係——**財務自由不僅是外在的富足，更是一種內在的療癒與平衡。**

其實，哲學家們長期以來也一直在探討財富與幸福之間的關係。像是亞里士多德認為，財富只是達成幸福生活的工具，而非最終目標。真正的幸福來自於德行和智慧的生活。在這裡，金錢應被視為一種工具，應該用金錢來協助我們追求更高層次的幸福，而不是一味的追著錢跑。

斯多葛學派的哲學家也強調，我們人應該注重內在的自由；外在的財富並不能帶來最終真正的幸福。他們也是主張透過修練理性和德行，達到內心的平靜。這與現代社會對財務自由的追求形成了鮮明對比。

現代哲學家約翰．羅爾斯（John Rawls）提出「正義論」，強調社會資源的公平分配。他認為，財務自由不僅是個人努力的結果，也受到社會結構和機會的影響。因此，在追求個人財務自由的同時，也應關注社會的公平和正義，這樣才能實現做為社會公民的我們真正的心的自由。

從占星來看金錢觀

在占星學中，除了上面說的宮位，行星的象徵性概念也詮釋了對於金錢財務的看法。

金星，是同時象徵「財富」和「價值」的行星。透過金星坐落的星座和相位，可以看出一個人對金錢的態度和潛在的財務走向。例如，金星在第二宮，通常意味著財務走向平順，而金星與土星如果產生困難相位，可能預示著財務會面臨挑戰。

木星，是機會好運，也可能是陷阱騙局。木星坐落的星座和相位，可以看出一個人在財物方面的機會和潛力。比如說，木星在第八宮通常意味著有機會接收家人或親近的人贈與的遺產，或者投資利多的好消息，但對其中的風險、訊息會不會不對稱這部分要重點去觀察和考證。如果木星冥王星產生相位，財務有可能出現危機。

土星，象徵責任、限制和結構。土星在財務方面的影響常常提醒，想要賺到更多的錢，就是要努力、累積和計劃。土星的坐落星座和相位，都在提醒我們財務管理要更加謹慎；想要賺錢，更要懂得把錢留住，要有意識的建立穩固的財務規劃。

例如土星回歸（約二十七到二十九歲）常常是一個財務重整和走向理財觀念成熟的時期，透過占星學的邏輯概念，可以引導我們在這些關鍵時刻做出明智的財務決策。

李小龍說過，如果一個技能在你陷入困境的時候能幫助你，你就應該學習去使用它，它來自哪個國家不重要，每種生活方式，都是一種藝術，都有可以學習的地方，沒有哪一種單純的方法可以給所有的人提供答案。

每個人不應該把自己限定於某個派別，而應該是真誠於自我的表達。這種看到技能、生活、觀念的價值觀邏輯，在我看來，就已經實現了——從財務挑戰、看到內在問題、調整並建立好自我內心狀態，達到實現技能、能力的轉化，就能提升變現率，實現豐厚的財務目標。

總的來說，透過努力實現財務自由和心的自由，就可以擁有更加豐富和有意義的生活，並且更好的發掘和實現自己的潛力和價值。

在這個過程中，我們需要記得隨時調整自己的內心狀態，讓生存議題和精神議題在各種境遇經歷中平衡發展，讓我們在努力獲得成就感和金錢的同時，也能感受到內心的滿足和幸福感。

如果看到這裡，你發現自己確實是容易因為金錢而產生各種焦慮和精神內耗，慢慢來，沒關係。允許自己出錯，也允許賺錢的速度不在我們的預期之內。

不去空期待明天、明年會賺到什麼錢，或是能為生活帶來什麼轉變，也不去苛刻自己要達成什麼目標。心累了，急著用賺快錢來彌補心裡的空洞，有很大的機率會讓空洞不僅沒有被彌補，反而掉進更大的洞中。不如反過來，先照顧自己的內心，去感受是什麼能為你帶來健康的安慰和平靜。

邁向心靈與財務的自由

在生命的旅途中，我們常常陷入自我與他人之間的迷思中。這些迷思可能源自於我們對自我的模糊認知，或是對他人情感的曲解。然而，當我們能夠解開心靈的迷思，精準的認識自己，便能踏出內耗的陷阱，邁向心靈的自由、財務的自由。

精準的自我認知是不去對自己設定過高的期待，而是正視自己的優缺點，誠實面對自己的能力與局限，才能真正解放內心的能量，再運用這份心靈能量去努力。

我們還需要區分「同理」與「同情」，做到心靈能量的有效分配。學會先照顧自己，再照顧他人。隨時覺察和調整心靈平衡感，才能用健康的心靈狀態，有活力的去努力生活。

接著要重視我們正在建立的關係是否是互相尊重的、健康的。去掉關係中的完美假象，拒絕那些只會給我們帶來痛苦和不安的人和事。同時，要避免陷入PUA等錯誤觀念的陷阱，尋找真正能夠與我們建立平等、尊重、互助的關係。

明確錢和心之間的關係，不要過著追逐金錢的生活，讓心成為自己的主人。雖然金錢可以帶來物質上的享受和安全感，但如果我們把財富視為唯一的目標，卻忽略了心靈的需要，那麼我們將無法真正感受到滿足和幸福。**財富是實現心靈自由的工具，不應該是束縛內心的枷鎖。**

在這一部中，我們從四個方向深入探討了如何遠離內耗，跨越人性、社會各種價值觀的陷阱，最主要圍繞的，就是達成內心的舒適、滿足和幸福感。透過解開心靈的迷思，區分同理與同情，建立尊重健康的關係，以及理解財務與心靈的關係，讓我們的人生能走得更順利、快樂、有意義一些。

從根本來說，在這世界上能照顧好自己的，只有自己。

第 4 部

穩定心智

做自己的導師

當我們在面對生活中各種挑戰和壓力時，穩定心智的重要性無可比擬。穩定的心智不僅能幫助我們更冷靜的面對問題，還能提升我們解決問題的能力和決策品質。但要做到這一點，我們需要掌握一套有效的思維方式。

在這一部中，我找到了三個方向的切入點——思維方式、多元角度、自我對話。這三個方向是從潛意識的建構，到對現實生活的觀察，再回到對內心的主導，就是想要提綱挈領的幫助大家從心智系統的不同層面，找到穩定心態的方法。

比如我們常常提到「科學很重要」，但什麼是科學？為什麼有些科學解釋某些生活經驗感覺會有點牽強？為什麼大家對某些玄學感到親切而實用？為什麼只用科學結論解釋現象的人，有時會讓人有點反感，感覺比較冷漠，甚至有時還充滿了傲慢和控制慾？為什麼有些被劃分為玄學領域的事物，卻為人們打開心結，讓困頓的人走出生命的泥沼？科學、科學思維、玄學、迷信思維，他們的關係到底是什麼？我們會在第十一章中做探討。

我接觸的人越多，看的書越多，越感覺到我們要尊重不同人的不同思維、不同選擇、不同觀點、不同生活背景；我們需要打開先入為主的禁錮，發展多元思維的可能性。

生活中充滿了選擇，每一個選擇都有其獨特的影響和結果。學會看到不同價值觀與不同選擇的可能性，不僅能幫助我們找到最佳解決方案，也能讓我們在面對不確定性時更加自信和從容，並學會互相尊重，建立健康的關係。

我認為「自我對話」是提升心智穩定的重要工具。透過自我對話，我們可以反思自己的情緒和行為，觀察和理解內心的矛盾。當我們對自己內在特質有一定的認知，就不會無意識的去做對自己不利的事，可以更有主導性的去觀察和經營自己的人生職業、關係、感情、親子、信念等各個面向。

自我的主動權提高了，戲劇化的意外相對就會變少，因為我們的預測能力、防範風險的能力都提升了。生活主導性高的人，找到內心的平靜與平衡也更容易一點。

在這一部中，我們將深入探討如何透過科學思維、多元思維和自我對話來穩定我們的心智，成為自己最可信賴的導師。

11

「科學思維」與「迷信思維」——獨立思考和思辨

我現在工作所接觸到的人，基本上可以分成三類：一種是崇尚科學、懷疑非科學的人；另一種相反，是崇尚玄學、不屑只看科學的人；最後這一類我感覺群體越來越龐大，而且會以指數級增長，就是用科學腦、多角度思維、辯證的來看待世界的人，他們既相信科學又相信玄學，不迷信也不全信。如果這本書你能從頭看到這裡，我相信你和我一樣是第三類人。

第三類人的思維

現在不少所謂學院派的科學精神，就是永遠看到需要看到的，而不是去探索想要看到的。科學離開了人類真正內在的需求，雖然生活上好像有了飛躍的重大發展，但人類的精神性卻被遠遠拋開，甚至在灌輸我們不要去理會靈性的直覺，認為這是幻覺會毒害你的思維。

我曾經也有過這種自以為正確的偏激想法，把自己歸為唯物論者，但是活得越久，經歷過的事情越多，就了解很多事情不能單靠邏輯來解釋，也才明白大部分打著科學精神的言行，都是用來逃避人類的靈性需求。畢竟情感這種事嘛，摸不到、看不到，只要不去深究，似乎都能在生活的瑣碎中被埋沒、被放過。但，真的是這樣嗎？

美國芝加哥大學東方研究所人文科學博士許倬雲先生曾在採訪中說過：「科學雖然有可以驗證的、正面的、有規則性的一面，但從此人類開始走向過度偏信的方向，開始迷信科學，科學變成萬能的，變成一種符咒。但科學不是表面上去搬來運用其研究成果的東西。真正的科學，是一種追尋的精神。過去歷史所知，為我所知；未來歷史所知，我開放心胸去面對。所謂的遠見，就是超越你的未見。」

我贊同許老先生的說法。科學是一條年輕的路，很多都還在摸索中。科學是一個動態發展的過程，而不是一成不變的結論。**科學是一種發現、觀察、研究、驗證、運用的思維呈現，並不是評判世間思維的標準。**

所以，科學是一種認知，玄學是一種尚不被理解的未知，只要一個人能清晰的覺察和把握自己的的認知、思維、精神性，才會正向的影響自己的生活、選擇、決策。特別是當我們面對人生中的各種困難、不確定性時，思維方式、精神狀態，更能決定我們的行動方向和結果。

在我看來，很多科學家就是用科學思維來看這個玄學世界。比如物理學家愛因斯坦曾說過：「科學的每一個重大進步，都是以一個新的大膽的想像力為開端。」他強調，科學思維需要創新的思考和大膽的假設，但這些假設必須經過嚴格的實驗和觀察來驗證。

也就是說，當我們發現了各種不能解釋的現象，首先要做的是用大膽的想像力來觀察，再用科學思維去研究、實驗、觀察、驗證。科學是個工具，用來幫我們拆解世間各種現象，但這個工具現在還不是萬能的，所以要接納世間的各種經驗，透過大膽想像，找到研究、結構這些現象的切入點。

這就是科學的思維——不否定經驗，支持直覺感受和想像力，並用開闊且務實的心去面對各種體驗和疑問。

科學思維強調的是創新、理性和證據。而迷信思維，則是容易被恐懼和不確定性所驅使。舉一個極端的例子，就算是知道很多科學的知識，但用封閉的心態去看待生活中的各種現象，只要找不到科學的依據，就害怕是不科學的怪力亂神，而不是沉靜下來去觀察、思考、辯證，那這種被恐懼捆綁的思維，就算是知道再多科學知識，也算是迷信的思維。

前美國總統富蘭克林．羅斯福（Franklin Roosevelt）在一次演講中提到：「我們唯一需要恐懼的就是恐懼本身。」這句話其實滿科學思維的，科學思維強調獨立思考、不要害怕自己不知道的事、不要給任何事先入為主的貼標籤。理性的思維是科學思維，但感性和沒有證據不一定是迷信，也有可能是未知，是需要被探索的領域，而不能去刻意扭曲和苛責的對待。

科學思維與迷信思維

從心理學家們研究的角度來看，科學思維和迷信思維的區別可以透過認知偏差來解釋。科學思維依賴於系統性的分析和邏輯推理，而迷信思維則往往受到認知偏差的影響。例如，確認偏差（confirmation bias）是指人們傾向於尋找和解釋支持自己既有觀念的證據，而忽略或排斥相反的證據。這種偏差會導致我們容易迷信，也就是單一觀念的偏信，而不是基於事實、經驗和證據的科學思維。

美國心理學家丹尼爾・康納曼（Daniel Kahneman）在他的著作《快思慢想》（*Thinking, Fast and Slow*）中，詳細闡述了人類思維的兩個系統：系統一是快速、直覺性的思維，容易受到情緒和偏見的影響；系統二是慢速、理性的思維，依賴於邏輯和證據。迷信思維通常是系統一的結果，而科學思維則是系統二的結果。

但這裡很可能會有一個思維誤區，就是你會以為直覺的、情緒的就是迷信的，理性的、邏輯的就是科學的。其實只要解構一下，就更清楚了。如果一個人，他知道很多科學知識，他的直覺和情緒，可能更容易被科學知識所連動，這時候，他的任何反應總是和現階段科學研究的結論掛鉤，很容易變成「科學能解釋的都是科學，科學不能解釋的都是迷信」這樣封閉而單一的迷信思維。

我並不是在推行直覺、情緒都能被「驗證為真」，而是希望不要劍走偏鋒，為了科學而政治正確的只認同科學。

舉一個科學領域發展的例子。我們的聽覺範圍通常在二十赫茲到兩萬赫茲之間，這一範圍的聲音被稱為聲頻。高於兩萬赫茲的聲音叫做超聲波，低於二十赫茲的聲音叫做次聲波。科學家們發現，植物和動物可以透過超聲波和次聲波進行交流。

這一現象的發現，完全顛覆了我們原本對生物交流方式的傳統認識。但在這個研究結果發表之前，或者說，不知道這一研究結果的人，如果聽說植物之間有溝通能力，一定覺得這個人瘋了，是不是在怪力亂神。

還好，科學家們一直對世界有極大的好奇心，也接受自己的直覺、感受和奇幻的想像力。在這種感性的推動下，才會有這樣的實驗建立。

延續剛剛植物和動物之間我們聽不見的交流話題，研究表明，植物可以發出音頻在三萬五千赫茲的聲音，用於環境交流和生存競爭。這些聲音雖然超出了人類的聽覺範圍，但透過專門的設備可以捕捉和分析到這些聲音。這一發現為生物學和生態學研究提供了新的視角，使我們能夠更深入理解植物的生存機制。

此外，動物也能透過電磁波進行交流。科學家們觀察到，某些動物可以發出和接收微弱的電磁波信號，這些信號在動物的捕獵、導航和繁殖中起著重要作用。例如，鯊魚能夠感知其他生物發出的微弱電磁信號，這使得它們在黑暗的海洋中依然能夠準確的捕獵。

這些現象雖然還有很多尚未解釋清楚的地方，但隨著科學技術的不斷進步，我們將能夠找到更多的證據和理論來解釋這些現象。這再次證明了「科學思維」和「懸而未決的現象」並不對立。

不管是已知科學的部分，還是未知玄學的部分，只要透過不斷的探索和驗證，就是科學思維，反之就是迷信思維。

壓力會讓人更依賴直覺

不過，確實有心理學研究顯示，當處於高壓和不確定性時，我們更容易依賴系統一的直覺思維，從而容易變得迷信。

例如在一項實驗中，研究人員讓參與者在壓力情境下進行決策，結果發現他們更容易依賴迷信（單一情緒性）的想法和行為。這說明了我們在面對困難時，需要有意識的啟動系統二的理性思維，避免被迷信思維所左右。

接續剛剛上面的例子，如果一個知道很多科學知識的人，平常運用科學知識去處理問題都處理得非常好，這是他認識世界、解釋世界、理解世界的方式，並沒有錯。但假使他在壓力大的時候就大放厥詞說，所有的宗教都是迷信，世界上沒有前世今生、沒有天堂地獄、沒有神鬼仙魔，這就是在重大壓力下，使用迷信科學的思維來反駁其他人的世界觀。

因為科學還沒有驗證前世今生、天堂地獄、神鬼仙魔，那就等於真的沒有嗎？怎麼證明沒有呢？用有限的科學知識去解釋無量的現實世界，真的太牽強了。就像只用神蹟來證明神佛的存在，也是牽強而迷信的。科學思維是有發展性、可重複驗證，而不是單一的、禁錮的、排他的。

哲學觀點的思維

哲學界長期以來一直強調獨立思考和思辨的思維。蘇格拉底是古希臘著名的哲學家，他認為「未經審視的生活是不值得過的」，這一觀點強調了自我反省和獨立思考的必要性。蘇格拉底的方法是透過不斷的質疑和對話，來幫助自己打破既有的迷信和成見，用這種方式累積的知識和智慧，才能算得上富有真知灼見的科學。

現代哲學家卡爾・波普爾（Karl Popper）進一步發展了這一思想，他提出了「可證偽性」原則，用來區別「科學性」和「非科學性」。

簡單說就是，一個理論如果不能被證偽，那它就不是科學的。波普爾強調科學的進步在於理論的反覆檢驗和否定，而不是盲目的接受和相信。他在哲學層面上論述了真正的科學思維必須具有批判性，敢於挑戰現有觀點，並在不斷的檢驗和反思中發展、成長。

哲學家勒內・笛卡兒（René Descartes）也強調了懷疑一切的必要性，提出「我思故我在」的名言。笛卡兒認為，只有透過徹底的懷疑和批判性思維，我們才能獲得真正可靠的知識。

這種哲學思維在現代科學研究中得到了廣泛應用，成為科學方法論的重要基石。舉例來說，當面對一個新的醫療方法時，科學思維要求我們查看相關的臨床試驗數據，了解其效果和副作用，而不是僅僅依賴口耳相傳或個別案例的成功經驗。這種批判性思維的培養，不僅能幫助我們做出更明智的健康決策，還能避免陷入迷信和錯誤訊息的陷阱。

不過，反過來說，像是安慰劑這種醫療方法，你能從大腦神經科學的實驗角度去確認這種方法很科學。但，科學對大腦又了解多少、多深呢？為什麼有的人出車禍就變成天才、過目不忘？為什麼有的人一出生就能說出前世家人的名字並循線找到這些人？為什麼很多人的瀕死體驗都很像？

再往深度挖掘，我們就能看到科學的局限性，當然也能看到迷信的可乘之機。

占星也可以很科學

占星學通常被視為命理和玄學的領域，但其實在現代，占星師們也開始重視科學方法，希望將占星學轉變為一門更嚴謹的學科。

占星師凱文．伯克（Kevin Burk）在其著作《占星學中的心理學》（*Astrology: Understanding the Birth Chart*）中，探討了如何將心理學理論應用於占星學，並強調占星學應該建立在嚴格的數據分析和實證研究基礎上。

例如他強調在進行星盤分析時，不應僅依賴傳統的解釋，而是要結合個案的心理狀態和生活背景，透過大量案例研究和統計分析來驗證星象與人類行為之間的關聯性。這種方法使得占星學從玄學命理領域向科學思維靠攏，並且更具有實用性和可信度。

還有一些占星師運用了電腦技術和大數據分析，提高占星預測的準確性。透過分析大量歷史數據和星盤資料，占星師們可以更準確的預測某些星象對人類行為和事件的影響，這也使得占星學逐漸向科學的方向發展。像是占星師阿德里安・鄧肯（Adrian Duncan）、大衛・科克蘭（David Cochrane）、克里斯・布里南（Chris Brennan）、蘇珊・米勒（Susan Miller）、理查・塔納斯（Richard Tarnas）等，都致力於歷史數據的研究和天文數據在軟體方面的結合。

占星學從天文學的前身，到榮格心理占星這種和精神分析結合的興起，再到歷史資料數據化，這一轉變的過程，真正做到了人類文明自我探索在科學思維協助下的正向發展。

當占星師開始採用科學方法，他們的研究結果變得更加可信，預測也更具實用價值。這種從迷信到科學的轉變，不僅有助於提升占星學的公信力，也為其他傳統學科提供了借鑑。

說到思維，在占星學中，就要看水星。水星坐落的星座，代表思維是偏感性，還是偏理性。水星坐落的宮位，代表你對哪個場域更敏感，更擅長於思考、研究、表達。

至於辯證思維，可以同時看木星和土星。木星代表你的價值觀和信念、受過的高等教育，以及對不同文化的接納程度。而土星代表你的驗證能力和腳踏實地的程度。這三顆行星，大家可以自己觀察一下。

多覺察、分辨、理解自己的思維模式與情緒之間的流動，就不容易被潛意識中的觀念和情緒主導，我們就可以輕鬆的拿捏不同的思維和情緒，真正做到：快速吸收資訊，清醒看見世界。

12

不同選擇的可能性——建立多元思維的習慣

或許當我們看到「不同選擇的可能性」時，會覺得這很稀鬆平常，生活本來就是多元的，人有各種可能性，這很好理解啊。但是我會把這個議題列入「心智穩定」這一部分，就是因為我發現，我們多數時候是知道卻做不到的。

三種單一思維的表現

比如說，一對情侶其中的一個人劈腿，另一個人因為很愛對方，就會產生幾種可能：一、裝作沒發生；二、覺得被傷害，哀莫大於心死；三、分手決裂，很難再相信愛情。假設你遇到這種狀況，會做哪一種選擇呢？

其實這幾種選擇，都是單一思維的代表。

比如說選了一，裝作沒發生，這通常源於對愛情的深深執著和對失去的恐懼，也意味著我們選擇自欺欺人，希望藉此維持現狀。害怕失去對方就會失去了一切。

所以，選一的人就是選擇壓抑自己的情感，也是選擇不相信自己、缺乏自信心，又或者是選擇了「不配」的感覺，對自我價值感到懷疑。這就是單一思維，覺得沒有了對方可能會失去一切。但仔細想想，是嗎？會嗎？能嗎？答案是，不是！不會！不能！

失去一個劈腿的人，等於離開一個傷害自己的人。或者，你可以不離開他，但要求他必須做出讓你感到心理平衡的補償。再或者告訴自己，或許可以提升自己，讓自己對人的辨識能力再增強一些，透過自我提升來遇到更好的人。又或者想想，與其和不忠誠的人在一起傷心，不如一個人快快樂樂。

你看，同樣遇到被劈腿這件事，多元思維是不是一下子就把腦洞打開了？什麼渣男渣女，我不陪玩了！拜拜！

如果選二呢？覺得被傷害哀莫大於心死，就是那種一棵樹上吊死、看不見一片森林的概念。

情感受傷害確實令人心痛，但把別人給自己的創傷無限放大，真的是太對不起自己了，不是嗎？為什麼要用別人的錯誤來懲罰自己呢？單是這樣的思維就已經可以從創傷症候群中爬出來一點點了。

被劈腿、情感受到傷害，哀莫大於心死，在短時間內確實容易讓人沉浸在悲傷中，甚至覺得人生完蛋了。這種選擇是因為過去對對方的依戀太過強烈，而且也會害怕自己一個人去面對未來時，有可能會做不好，這種心境也體現了對自己的不信任。

其實想到這裡，又是在打開一個思維。說實在話，別人劈不劈腿，真的能管到哪裡去？我們無法控制對方，也不能逃避現實所發生的事。想到這裡就能明白，過度依賴對方，自己就容易陷入無法獨立面對生活的思維陷阱，再加上如果長時間沒有獨當一面，這種缺乏自信的恐懼感和依賴感會越來越深重。

但冷靜想想，真的是這樣嗎？在不認識對方之前，我們不也是活得好好的？這次對方劈腿，沒有了他，最多就是在關係上回到單身原點而已，也沒有更多損失。

這樣想來，你還會怕嗎？還會陷在創傷中無法自拔嗎？只要給自己時間，你還是原來的你，甚至是有過戰績的你，應該在遭此一劫後，心智上變得更加強大了。

再想想，遇到這樣的事，也不能算是只有壞事吧，哪裡需要一直哀莫大於心死呢？該吃就吃，該睡就睡，把自己照顧好，就是對這種劈腿的人最好的報復！

如果選了三呢？分手決裂，好像看起來獨立、很強大、不想被劈腿伴侶的錯誤影響，但，細思極恐啊！表面上看似關係結束了，但心理上呢？有幾個人能全身而退、不被影響分毫？

大部分選擇這一步的人，短則幾個月，長則幾年，由於當下的驚嚇、打擊、傷心會變得過度自我保護。而這種過度反應，多少帶點心理學家所說的「創傷症候群」，像是對自己的未來不抱太大的幻想，或是對愛情有先入為主的怨恨和不信任感，甚至有些人還出現了坊間所流傳的恐男或恐女症。

遇到這種被傷害的事，事情雖然結束了，但內心依然長久被這種傷害佔據著、影響著，就是悲傷的單一思維所留下來的後遺症。

確實，果斷的離開是件好事，但如果你還深深的愛著他呢？或者你們之間可能有孩子、家人的記掛和牽絆呢？再或者，你長期經營的人際關係，可能原本是來自對方的，你一離開就是整個支持系統和生活氛圍被抽空呢？如果結合現實狀況再來看，有時果斷的離開不一定有利於我們的心態和生活，反而是透過開放的溝通、理性的談判、專業諮商的介入，才能讓你妥善的離開這次劈腿事件的漩渦，輕盈順利的走向人生的下個階段。

多元思維的習慣與可能性

這樣看來，練習不同思維的可能性，建立多元思維的習慣，實在是太重要了！多元思維，在重要關鍵時刻，可以幫我們保命，讓我們成為人生決策的贏家！

歷史學家許倬雲先生在探討文化和人類行為時指出：「今天是表演的文化，人們在追求自我實現和歸屬感的同時，往往忽視了多元思維的重要性。」他認為人類應該尊重多樣性，尊重大自然的各種生命形式，並在這種多元性中找到自我尊重和歸屬感。

許老先生的觀點強調了多元思維的價值，即在面對選擇時，不應該僅僅局限於單一的思維模式，而是以開放心態接受不同的觀點和選擇。這種思維能夠幫助我們更好的理解和適應不斷變化的世界，從而實現更高的生活品質和個人幸福感。

最實際的例子就是在職業選擇方面，如果可以有意識的運用「多元思維」，就可以讓我們看到不同職業的價值和可能性，而不是僅僅追求社會認可度高的職業。

我們可以根據自己的個性特質、生活背景、個人興趣和能力，選擇更適合自己的職業發展方向，讓工作賺錢和自我實現可以得到同等的重視和平衡，才不會因為工作犧牲自己，而出現為了各種想要的心理平衡，從旁叉出各種狗屁倒灶的事，比如說，賭博、劈腿外遇、吸毒、酗酒、貪汙、詐欺等等。大家可以把很多新聞事件拿出來，只要稍微深挖推敲，就會發現大部分的問題，都是源於單一選擇所帶來的心理不平衡。

六頂思考帽

在心理學領域，有滿多研究都表明擁有多元思維的人，在面對選擇時能夠更靈活的考慮不同的選項和結果，從而做出更明智和理性的決策。

像是心理學家愛德華・德・波諾（Edward de Bono）在一九八五年發表了「六頂思考帽」理論。這一理論強調在思考和決策過程中，應該從不同的角度出發，使用不同的思維方式全面分析問題和選擇。

這六頂思考帽，分別代表著六種不同的思維方式：白帽（事實和資訊）、紅帽（情感和直覺）、黑帽（批判和風險）、黃帽（樂觀和收益）、綠帽（創意和新思維），以及藍帽（思維過程和組織控制）。

透過這種多元思維方式，我們可以更全面的考慮問題，避免偏見和狹隘的思維模式。例如在職業選擇上，我們可以使用白帽思維來收集和分析相關信息，使用紅帽思維來考慮自己的興趣和感受，使用黑帽思維來評估潛在的風險和挑戰，使用黃帽思維來思考可能的收益和好處，使用綠帽思維來探索創新的選擇和解決方案，最後使用藍帽思維來整合和控制整個思考過程。

多元思維不僅能夠幫助我們做出更理性和全面的決策，還能夠提高我們的創造力、問題解決能力、整合資訊能力，協助我們更好的應對生活中的各種挑戰和變化。

哲學家們長期以來也在探討多元性與統一性的關係，認為多元性是世界的本質，而統一性則是我們理解和解釋這種多元性的關鍵。哲學家黑格爾（Georg Wilhelm Friedrich Hegel）的辯證法，就是在強調事物發展的過程中，透過多元思考同一事物對立面的矛盾和統一性，這樣我們對人事物的認知就可以進入更高層次的理解。

也就是說，從哲學的角度看，多元思維是一種辯證的思維方式，即在面對不同選擇時，透過分析和整合各種對立面，達到一種更高層次的理解和決策。這種思維方式強調在多樣性中尋求統一，在矛盾中尋求解決方案。

例如，在文化和價值觀的選擇中，我們可以透過辯證的思維方式理解不同文化和價值觀的特點和意義，並在這種理解的基礎上，找到一種能夠包容和整合多種文化和價值觀的方式。這種多元思維不僅能夠幫助我們更好的理解和適應多樣化的世界，還可以促進個人視野和認知成長。

又像是哲學家尼采的「超人說」，是強調個體在面對多樣性的世界中，應該超越傳統的價值觀和規範，透過多元思維和獨立思考，創造自己的價值和意義。這種思維方式強調個體的主觀能動性和創造力，認為只有在多元思維的基礎上，我們才能真正實現自我超越和自我實現。這就是一個可愛的多元思考切入點。

多元思維在占星學中的重要性

再回到我們占星學。占星學長期以來被視為一種預測未來、理解個人特質的工具，現代占星師也開始將占星學與心理學結合起來，強調多元思維在星象解讀中的重要性。

像是占星師凱文・伯克在《占星學中的心理學》書中，探討了如何透過多元思維來理解和解讀一個人的星盤。他認為一個人的出生星盤中的行星和星座，象徵著我們內在的不同面向和影響力，這些影響力之間的相互作用形成了我們獨特的性格和行為模式。

其實，占星學的體系中，早就蘊藏了多元思維的應用。在解讀星盤時，考慮不同行星、星座、宮位、相位的影響，並透過分析這些影響的相互作用，就是在用多元思維來全面理解一個人的心理特徵和行為模式。

比如說，在解讀一個人的出生星盤時，我們可以考慮太陽、月亮和上升星座的影響，這些行星坐落的星座分別代表著一個人的核心自我、情感感受和對個人理想形象的塑造。

透過多元思維，我們可以分析這些不同面向之間的相互作用，理解一個人的內在矛盾與渴望，並找到一種整合這些矛盾和渴望的方法，做到真正的了解自己、理解自己的內心狀態。

此外，大家常期待的占星預測部分，我比較不偏向於把這部分看成是預言。我們應該關注的是，用多元思維來觀察現況，從多個角度去考慮未來可能會發生的多種可能性和可以做的選擇，而不是僅僅局限於單一的預測結果。

用多元思維來預測，能幫助我們可以更實際、理性、靈活的看待生活中正在發生或可能發生的事，在做選擇和決策的時候，可以更務實、更貼合實際狀況和內心需求。

單一思維的卡關

之前我有一位個案是台大電機系畢業的男生。他當時最痛苦的事莫過於他學習理科很快，很容易有好成績，但是並沒有像其他高分的同學一樣，在拿下好成績和申請到好的大學時有成就感，反而是在感到理所當然的同時，心中隱隱有一種厭惡感。

他也強調，雖然他學得快，但也是很努力的學。不過，經過長期的努力，他就是無法從成績中感到開心和滿足。他不了解自己這種心態到底是發生什麼事。

我問他：「當你覺得有厭惡感的時候，你通常會怎麼樣去排解這種情緒呢？」

他說是看漫畫。一開始，他就像一般男生一樣迷上漫畫。因為在漫畫中，他感受到一種前所未有的自由和快樂。他可以隨著劇情去探索不同的世界，也可以隨著漫畫人物的情緒去探索人的內心世界。

有一陣子，他甚至去研究相關的人腦實驗，看有沒有機會把自己的意識植入他自己喜歡的二次元世界。為了這個目標，他先開始著手畫漫畫，他想要親手建構自己喜歡的二次元世界。到這位男生來找我的時間點，他已經畫了一年的漫畫，有了三本漫畫連載手稿。

「那你有沒有考慮過進入漫畫產業發展呢？」他說沒想過，因為自己不是美術背景出身，沒有專業培訓，不敢貿然進入這個產業，畢竟電機系的就業前途，和一位漫畫興趣愛好者的前途擺在面前比較，答案可想而知。

其實這位男生最大的矛盾點，就是現實和理想之間可能產生斷裂感。現實是他先發現自己擅長學習，能夠符合社會菁英標準，但缺點是，他感覺不到成就感。而理想是他想要活得快樂而滿足，對於自己喜歡的世界有一個明確的想像，缺點是他怕自己脫離社會菁英發展的軌跡後會做不好，落得全盤皆輸。

其實很多人在這種矛盾中反覆撞牆：和自己愛的人在一起，還是和愛自己的人在一起？和不適合的伴侶分開，還是睜一隻眼、閉一隻眼委曲求全？要壓抑著過安穩的生活，還是痛快的去嘗試和冒險？要為家人而活，還是要為自己而活？……

有些人在兩端徘徊中，找到了一種反反覆覆的節奏，讓自己從中得到一些慰藉；有些人斷尾求生，接近了渴望和自由，卻也在快樂中帶著未曾癒合的傷痛。像這種兩邊都無法兼顧的狀態，就是單一思維模式的結果。

透過占星導向多元思維模式

選擇多元思維模式就不一樣了。回到前面這位個案，他的太陽和月亮都在雙子，這種組合通常代表一個人聰明、多才多藝，可以同時發展不同的興趣，但也有可能因為太容易獲得一定程度的成就，感覺不到成就感，而導致對單一領域的倦怠感。

再加上，他的火星在水瓶，表示能引起他熱情和行動力的，更偏向於去做創作和創新的事，而且，越特別的事，他越有興趣去挖掘和挑戰，比如說他想研究人腦實驗，還有想要自己建構二次元世界。

他的土星在十宮，代表他的家人可能從小對他的要求比較高，比起給壓力，可能鼓勵給的相對少，再加上他對自己的高壓、高效、高成就的要求，還有追逐社經地位的價值觀，導致他不能好好享受自己努力得來的成績，總會覺得人外有人、天外有天……

其實回歸到他原本的個性，太陽月亮在雙子，他應該尊重自己內在的多重需求，也就是不要把自己的人生單壓在一個領域，可以先以一個領域為重點，同時逐步發展另一個領域的專業能力。像是他可以考慮在穩固的電機工程職業基礎上，逐步發展漫畫創作的副業，既不用放棄現實的職業發展，也能追求內心的理想。

這種一主一從的職業發展方法其實很簡單，多元思維在這裡主要是解決了這位男生由內心矛盾的情緒而產生的對原本專業的厭惡感，厭惡感消失了，電機和漫畫就能同時並行，幫他解決了魚與熊掌不可兼得的兩難困境。

當遇到人生的選擇困難、矛盾心理，最好是先回歸自己的個性特質來看，透過個性特質，來判斷自己是基於哪種制式觀念而陷入兩難的單一思維模式。

回歸自己的個性特質（太陽、上升、月亮、火星、土星），重新用多元思維來解構，通常答案已經呼之欲出，甚至答案本來就是你想到的解決方案，唯一的區別是，**多元思維，讓你認清自己、看清現實，有了面對選擇的勇氣，有了更多往前走的力量。**

13

自我對話，轉換成正向能量——矛盾事件需要的非整合能力

不知道大家有沒有發現，現在這個社會還滿複雜的。從經濟角度看，不同收入階層的人會有不一樣的利益鏈條連結，也互相依存、互相排斥。從社會組織角度看，不同國家、不同文化、不同價值觀、不同信仰、不同語言、不同歷史，這些體系複雜的混在一起，又壁壘森嚴的各自為陣。

再細化到不同領域團體所關心和發展的重點不一樣，比如說文化領域更在意情感，科學領域更在意理性，藝術領域更在意理想，農業領域更在意現實……在當今這麼需要協同合作又充滿諜對諜複雜的社會中，我們做為平凡人，想當然會面對各種內部和外部的矛盾和挑戰。這些矛盾事件如果不能得到及時有效的整合和處理，我們的身心健康會遭受很大的威脅。

以占星工具分析個人矛盾問題

我有一位個案（太陽處女），他的家境很好，自己創業成功（上升摩羯）正在經營一間即將上市的公司。他跟我說，每半年他就會開著自己的車去山上撞牆（火星摩羯）。

你沒有看錯，他是真的會開著車對著山壁迎頭撞上去。他說，他想看哪一次可以就這樣撞死自己（月亮天蠍）。這樣的狀況已經發生好幾年了。他還說，半年是他忍受的極限，他每半年就一定會換一台手機，再換個女朋友（火星摩羯）。

看著這位個案把生命、女友和車子、手機混為一談，可以忍受的時間都是半年。半年期限一到，他就需要重啟這一切。在這裡我看到兩個重點。首先，他對自己、對一切失去了耐心。其次，如果一切都在隨時變化，他一定要成為先做出改變的那個人。

原來，他是爺爺帶大的，爺爺在家族的權威性很高，他作為長孫必須言聽計從、使命必達、快速成長。他的父母也是採取沉默的態度，聽從爺爺對他的栽培和安排。

他從國小就被送去國外，失去雙親的陪伴，只有高壓的家族使命和責任，讓他的童年充滿了孤獨和挫折感。只要他做錯，爺爺就是嚴厲的指責和教導（土星天蠍），父母從來沒有替他說過一句話。這讓他逐漸對這個家庭變得反感又不耐煩。

隨著他長大，一方面他馬上擺脫家族的束縛獨立創業（上升摩羯），習慣性的高壓工作，並要求自己一定要出人頭地，闖出自己的一片天證明給長輩看。另一方面，他想要擁有放鬆、愜意的生活。

在這種情緒拉滿和巨大壓力的侵蝕之下，他就很容易出現「杏仁核劫持」（Amygdala hijack）現象，因為他內心的恐懼和壓力很少得到慰藉和舒緩（冥王星八宮）。

簡單梳理一下，這位個案的個性特質看太陽處女，除了家族給的壓力大、期望高，他本身就很注重自己的表現，比如說，高標準、高效能的要求，注重細節的處理，有完美主義傾向。

再加上他的上升是摩羯，這些特質尤其表現在架構工作方面會有一個基本衝突，就是對外，他擅長也想要表現自己嚴謹、負責的一面，但其實沒有人生下來就是工作的機器，大家追尋的是被認可和幸福感，不會有人天生就是來追求工作成就的。

工作成就，追根究柢也是實現幸福感的手段，不會是目的。所以，在他太陽處女、上升摩羯的層層包裹之下，內在情緒的照見、處理、消化，顯然沒有得到足夠的關注和重視，內在脆弱就是顯而易見且會慢慢累積出來的狀態。

這位個案的月亮剛好在天蠍，本來就對情緒敏感的他，又沒有對情緒做及時有效的處理，加劇了他內心深刻且強烈的情緒堆積，這些情緒擁堵在一起，最糟糕的狀況就是容易經歷幾段的情緒變化。

當我們快速抽取他出生星盤中的這些個人特質進行分析，他對自己的狀況就有了初步的梳理。這就是運用科學的思維和占星學的工具，對一個急迫想要得到解決的問題進行重點式分析的典型例子。大家可以參考這個例子來做自己關心的議題分析。

避免杏仁核劫持的衝突狀態

我也找了一些心理學學者們的研究給大家參考。有研究顯示，矛盾事件往往會引發一個人的內在衝突和心理失衡，如果這些衝突不能得到有效處理，可能會導致一系列心理問題，如焦慮、抑鬱和行為失調。

美國心理學家丹尼爾・戈爾曼（Daniel Goleman）在一九九六年時寫了一本書《情商：為什麼情商比智商更重要》（*Emotional Intelligence*）。剛剛提到的「杏仁核劫持」即出自於此。

杏仁核對人體的管理權限很高。恐懼和焦慮都會調動我們的杏仁核劫持或操控理性大腦的功能。也就是說，當我們的大腦功能被杏仁核操控時，我們很難有邏輯或理性的思考問題，會立即進入「戰」或「逃」的狀態。

如何避免非理性狀態？也就是如何避免被杏仁核劫持呢？這裡有一個時間可供參考——十八分鐘。就像恐怖組織劫持人質，軍警人員需要時間才能接手對抗一樣，一旦出現杏仁核劫持的狀況，我們理性的大腦也需要一個反應和接手的時間，也就是說，大腦最終會拿回主導權，只要你給它十八分鐘的時間來接管。

當然，對某些特殊狀況來說，十八分鐘可能太久，像是非常恐懼、極其憤怒，要恢復理智的話，最短可以用六秒鐘，理性腦就可以接管並理性處理訊息。有了這兩個時間，就等於有了對抗壓制情緒、提升情商的方法

——爭取在最少六秒、最多十八分鐘內，讓自己有意識的不要採取各種過激的言行。

比如說，利用深呼吸，幫我們至少爭取六秒的時間讓身體降溫，讓血液流動變慢，心跳緩和下來，情緒也可以緩和下來。

或者，我們可以用信念幫當下的非理性衝動喊「停」。很巧的是，像佛學經典中的《心經》咒文：「揭諦揭諦，波羅揭諦，波羅僧揭諦，菩提薩婆訶。」這句話默誦一次，剛好六秒。或像是佛學中的六字真言「嗡嘛呢唄咪吽」，唸七次也剛好是六秒。

以前的聖人，雖然沒有科學實驗的能力，卻在頓悟中找到了解構人體情緒的鑰匙。越深入了解，越覺得不可思議！

矛盾心理下的情緒調節

所以，再回來看看前面個案，一個自律、高效能、理性的人，卻循環的做著極度被情緒操控的事，其實這就是我們平常人每天懷著矛盾心理去生活的極致放大版。

當我們可以看見自己內心每天會有意識、無意識的產生大量矛盾情緒時，就會發現心理學家關於「杏仁核劫持」的研究成果，對我們來說太受用了（這種命名太具象了，把我們的理性大腦比做人質，把杏仁核比做恐怖份子）。

杏仁核是大腦中負責情緒反應的區域，當我們面對威脅或壓力時，杏仁核會迅速啟動情緒反應，使我們感到恐懼或憤怒。這種反應雖然在緊急情況下具有保護作用，但在日常生活中，過度的杏仁核反應可能導致不理性的言行決策。這種感覺就像整個人被情緒挾持之後，變了一個人，那個極端程度完全不像原本的自己。這種情緒，你我應該都似曾相識、深有同感吧！

丹尼爾・戈爾曼還指出，避免杏仁核劫持的關鍵是學會調節自己的情緒反應。他提出三個步驟來實現這一目標：第一，深呼吸，透過深呼吸來降低身體的緊張感和血液流動；第二，不要被杏仁核劫持，在情緒激動時喊「停」，給自己一些時間和空間來冷靜；第三，透過自我對話來重新評估和調整自己的情緒和行為。

心理學研究還發現，學會自我調節情緒，就是對自我情緒的矛盾狀況有了覺察，這時候再趁熱打鐵進行自我對話，就可以幫助我們建立更積極的自我理解，從而產生相信自己的信念和決心，這樣的心態能在實際生活中觸發我們的行動力，讓我們願意面對並克服困難，有想要實現目標的慾望。

相反的，消極的自我對話會削弱我們的自信和動力，使我們更容易陷入失敗和挫折。我們能夠透過自我對話來鼓勵和激勵自己，提醒自己過去是有能力透過努力獲得想要的結果，這種積極的回憶就能夠讓我們在迷茫、挫折、不自信的時候，還能盡量保持積極的心態，去勇敢面對和迎接挑戰。

相反的，如果一味的否定自己，認為自己缺點很多、阻礙很多，總是認為自己無法成功，那麼，不用等機會流失，我們自己就很可能先選擇半途放棄，最終導致失敗。

所以說，「自我對話」是處理內在衝突非常重要的方法。

從自我對話開始整合內在

說到自我對話，就是用內心感受、生活經驗、認知等各個面向，來思考自己到底在想什麼、喜歡什麼、討厭什麼、期待什麼。這是非常典型的哲學思維。

哲學家們長期以來一直在探討內心的矛盾和衝突的本質，希望透過思想的建構幫助大家實現內在的整合和平衡。像是哲學家黑格爾的辯證法，強調矛盾是事物發展的動力，透過對立面的統一和融合，我們可以提高對事物理解的認知。

這種把本來會產生內耗的矛盾情緒變成提升自我的動能，以及將負面能量導向正面能量的思維方法，就是一種透過自我對話後的整合，這樣的運用是在化壞運為強運，真的是太厲害了！

從哲學的角度看，自我對話就是一種自我反思和自我超越的過程。透過自我對話，我們可以在內心進行正面的、反面的反覆論證思考，透過覺察情緒，分析和整合內在存在的矛盾和衝突，從而找到突破點，實現心理的平衡和平靜。

這個過程不僅僅是情緒的調節，更是自我認識和自我成長的重要途徑。

例如，當我們面對生活中的重大變故，如失業、離婚或疾病時，心情往往會有各種強烈的矛盾和衝突，我們可能會感到恐懼、焦慮、無助、迷茫……但透過哲學的思維方式去感受、覺察，用不同角度去解構、論證，就有可能激發出新的希望和力量。

東方哲學如佛學的哲學思想，也強調了內在恐懼和焦慮的本質，並提出了超越這些恐懼的方法。

佛教認為，人生有「五怖畏」：不活畏（為生計擔心）、惡名畏（怕名聲受損）、死畏（畏懼生命終結）、惡道畏（怕地獄惡道）和大眾威德畏（怕生，不敢在眾人面前表達自己）。這些恐懼源於對未知和不確定性的焦慮，但透過思考沉澱、修正行為、反芻反思，我們可以超越這些恐懼，達到內心的平靜和自由。

維持著的不一致

有些矛盾心理可以整合，把負面的現象透過思考，變成正面的動能，但也不是所有的矛盾事件、矛盾心理都必須得到整合。二〇一五年，心理學家雅各布・洛蘭斯（Jacob Lomranz）和雅兒・班亞米尼（Yael Benyamini）提出了一個新的概念：非整合（Aintegration），就是允許某些狀態是不一致的，是「維持著的不一致」（Maintaining Incongruence）。

「維持著的不一致」，是成年人世界非常普遍的心理狀態。比如說，一個人在公司遇到挫折，心情非常沮喪，但是回到家，看到孩子們健康快樂的樣子，就覺得一切付出的代價都是值得的。在社會角色上有挫折感，但在家庭角色中有成就感，這兩種相反的情緒可以同時並存在一個人的內心，能夠在一段時間內保持「維持著的不一致」，好讓一切都持續下去，就是「非整合」能力。

在這裡，我們就更容易了解到，原來那麼多人可以非常矛盾的活著，也似乎還過得不錯，源自於一種非整合的能力。

所謂「非整合」，就是一個人可以接受「認知」和「情緒」複雜，甚至矛盾狀態的能力。這種接受，是在承受矛盾的事件和情緒、承受斷斷續續來自各方不同角度的壓力，以及有些原則是相悖的，但必須為了某個信念而承受，而且這樣的狀態持續久了，還可以同時駕馭這些複雜矛盾的狀態和情緒，不會感到緊張和不舒服。

其實很多成熟、有經驗、目的明確、看清現實的人，都本能般的練就了這種「非整合」的能力。他們不需要去不斷整合自己從生理到心理的各個面向，不需要花大量的時間內耗、說服自己。

通俗的說，他們沒有「心理潔癖」，面對現實練就了一身「鈍感力」，不需要充足的理由和暢通的邏輯，就能接受發生在自己身邊的一切。他們能夠接受本質矛盾的現象存在，並用良好的心態繼續生活。

非整合能力的優勢

這種心理狀態在面對過渡期、低谷期、開創期時，非常有優勢。因為我們大部分人都本能的希望自己的人生安穩平順，這樣很容易打造一個舒適圈，好像可以避開風險，但對不同世界的人事物包容度也比較有限。

但「非整合」能力強的人不會這麼做。他們的生活會因為想看見更多可能性，於是主動接觸各種不熟悉的人事物。他們不會透過主導自己的認知、價值觀、注意力，花大量的時間來消除緊張、焦慮這樣容易產生內耗的情緒。

他們允許矛盾的發生，允許不在自己認知體系的觀念存在。為了讓自己在海浪中不被顛覆，甚至要迎浪而上，他們會主動利用「非整合」能力去接受和臣服於形形色色的經歷。

這就是對多元價值觀的包容，也是對別人情緒和自己情緒的尊重。這樣的能力使用久了，會越來越少被周圍不必要花時間處理的負面能量影響，可以更專注在自己在意的人事物上，好好的去經驗。

大家應該能發現，「非整合」能力強的人，就是擁有更多生命經驗和視野的人，也是知識和認知相對豐富的人，也是經歷過更多挫折、有過生命歷練的人。兩位心理學家還提出，沒有明確宗教信仰，但有人生信念的人，「非整合」能力也是很強的。

不過，「非整合」能力的強弱和有沒有創傷經驗沒有直接關係，反而是跟一個人面對人生的態度有關。

「非整合」能力比較強的人，更願意分享他們經歷過的事情，看待人事物的角度，也會從正面、反面、不同角度去解析。所以「非整合」能力強的人，對負面經歷的接受能力比較高，對積極面對人生的看法有信念。

「非整合」能力比較弱的人，更希望待在集體生活中，更喜歡依賴大的團體，害怕落單，容易過度崇拜別人的高能力，希望被告知自己能做些什麼，自主能力和獨立思考能力相對弱一些，遇到挫折不容易跳脫情緒，需要平常累積一些關係密切又值得信賴的親朋好友來結成同盟，一起面對人生的各個關卡。

以非整合能力應對人生關卡

要特別注意的是，「非整合」並不排斥「整合」，也接受縝密有邏輯的認知結構。「非整合」能力更傾向「課題分離」、「角色分離」，就是在不同的議題上可以接受不同觀點；在不同角色中，可以承受不同的壓力。

總的來說，人生起起伏伏是必定會發生的。人生永遠不變的事，就是人生永遠充滿了變化和無常。所以，當遇到各種人生關卡，有些關卡大到有一種人生如戲的宿命感，這時候要意識到，我們還有一個「非整合」能力可以使用。

當遇到我們一時無法處理的事情而感到迷茫、困惑、不舒服時，我們可以暫時冷靜的去看待事件，去解構、認識身處的矛盾狀況有哪些。這時候就不用急於尋找原因和邏輯。讓子彈飛一會，觀看事件發酵的狀況，沉澱雜亂無章的情緒，順便等待靈感的出現和解決機會的降臨。

而且，「非整合」能力也適用於親密伴侶關係中的磨合。

丹麥神學家、哲學家索倫．奧比．齊克果（Søren Aabye Kierkegaard）在基督教倫理學的作品《愛之工》中，有一個核心的思想就是：人要去愛彼此的人性。

人都有缺點、都有自己的慾望和盲點，甚至是惡習。如果真的愛一個人，要愛他的全部，就是所謂的愛屋及烏。這就是非常典型的用「非整合」能力，把對方的優點和缺點一起愛的表現。

我們平常思考人生，很少是在快樂的經歷中思考，大部分都是在遇到各種戲劇化挫折經歷後，才開啟反思的進程。那如何透過自我對話超越生活帶給我們的戲劇性影響呢？如何防範負面的經歷可能會延伸的災難性境遇呢？應對矛盾事件、矛盾情緒的「非整合」能力，就是很棒的認知和方法。

運用占星工具尋找突破口

在占星學裡面，我們可以透過「南北交點」所在的對宮軸線來尋找突破口。「北交點」是我們需要學習提升的，「南交點」是我們天生擅長的。

比如說前面提到的個案，他的北交點在魔羯，他很在乎爺爺和家族對他的期望，在高壓的成長環境下，他被寄予了極大的期望和責任，因此他早早就學會抑制情緒和追求成就，但對於內心承受著巨大的壓力和孤獨感的他，如何消化這些情緒就是很大的一個課題。

而他的南交點在巨蟹，他對於如何面對家族、歸屬感是有一套成熟的認知，所以一樣在高壓環境下，他最終還是可以長成為家族增光的優秀企業家，他成熟的背負了家人的期待，承接了家族的願望。

總的來說，當人生出現重大起伏時，只要運用「非整合」能力，就能讓我們的內心感到稍微輕鬆一點。

首先，用正向的視角看到當下的狀態。不要單方向的鑽牛角尖，人生不可能一直都不順，不要把焦點總是聚焦在負面的事情上。這時候可以刻意看看自己經歷過的高光時刻、開心幸福的時刻，告訴自己，現在一切的不舒服都是暫時的。先從心理上允許已經發生的事存在，因為事情發生了，再怎麼抗拒也變成事實了，不如不要過度消耗自己。

接下來可以去找相關事情的人、知識、方法，協助自己提升當下的認知。當我們遇到挫折時，一定是某些人事物的狀態不在我們現有的認知體系中，才導致我們無法及時防範不好的事發生。這時候就要透過值得信賴的人、可以提高認知的知識和方法，來協助自己一邊解決事情，一邊得到成長。

最後，要珍惜自己的積極能量。不要無謂的任由別人和事件消耗自己的積極情緒。冷靜認清危機和困難，先努力保護好自己，再想辦法解決問題，就能讓自己在抱有希望的狀態下，運用積極的能量找到突破口。

第

5

部

身心靈同步

創造自己的
幸福版本

對你來說，什麼是幸福呢？

或許你希望有自由自在的人生，心情不會被束縛，想做什麼都有足夠的時間和金錢去做，想愛什麼人、討厭什麼人也可以隨心所欲。

或許你希望擁有一個港灣、一個能讓你身心安頓的家、一個你在外征戰之後可以休憩的地方。或許你希望有一個能相處得來也聊得來的伴侶，在你孤獨的時候有人陪伴在側，在你迷茫低潮的時候有人能鼓勵支持，在你照顧對方的時候感覺親密又甜蜜。

希望自己幸福，是我們的本能。

不過，你應該也多少感受過：得到渴望的自由後，反而失去了方向；好不容易買了房子，心裡卻更容易感到空虛；千挑萬選一位伴侶，生活在一起又多了一地雞毛……

然後就有這樣的說法陸續從成人的世界傳出：人很貪心，小孩才做選擇，成年人什麼都想要；人很虛榮，有了還想要更好的；人很犯賤，付出都不知道珍惜，得不到的才是最好的……

所以，幸福只是讓我們往前走的一股動力嗎？往前走著走著，怎麼會感覺焦慮、迷茫、恐懼越來越佔據內心，而幸福好像離得越來越遠了呢？

有一個大家或許耳熟能詳的心理學理論——馬斯洛需求曲線。這個理論是用一個金字塔，從下往上依次強調每個人想要活出幸福的本能順序：需要經歷「生理議題」、「生存安全議題」、「歸屬感與愛的議題」、「尊重的議題」、「自我實現的議題」、「自我超越的議題」。

所以有人說，要先照顧好自己再照顧別人，這是生理議題；有錢就自由了，這是生存安全感議題；找一個你愛也愛你的人當伴侶，這是歸屬感與愛的議題；要做到自尊自愛，別人才會尊重你，這是尊重的議題；打造屬於自己的舞台，這是自我實現的議題；走出舒適圈，迎接挑戰，開創時局，這是自我超越的議題……

但為什麼這些被前輩們奉為圭臬的經驗，對於現在的年輕人來說，大部分無感呢？是社會變了？還是人心不古？

美國的認知科學家斯科特・巴里・考夫曼（Scott Barry Kaufman）在二〇一三年提出了新的需求曲線，這個需求模型從一個三角形變成了帆船形，將馬斯洛需求理論詮釋得更符合現代人的心理狀態。

簡單說，人的自我發展需求曲線是動態的。當我們擁有安全感之後，也就是生存得到保障、有關心自己的家人和朋友後，就會生出下一階段需求——希望自己對不同的環境和資源有更多的掌握程度，這就是自我成長的需求。

而在自我成長中，也就是上方

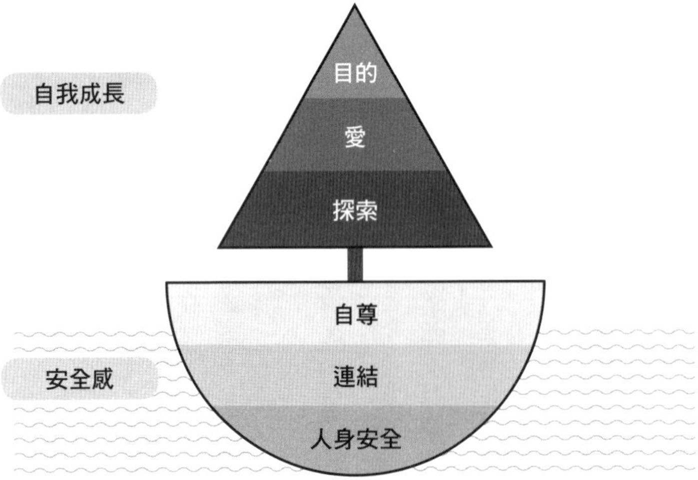

考夫曼以帆船模式呈現馬斯洛的需求層次理論。
圖片參自考夫曼著《顛峰心態》（*Transcend*）一書。

升起的帆中，又有三個階段要經歷：探索、愛、目的。探索什麼呢？探索不同的環境，比如說產業、社交圈、不同階層；也有精神性的探索，比如新階段的心理需求、慾望追求。至於愛呢，可能會從尋求被愛，到想要主動去愛，再發展到社會關懷。

那目的呢，比起想要追求，第一步要做的反而是放下，也就是為了達到這一階段的目的，需要放棄什麼來達到自律言行以衝向目標。

透過以上兩種對我們內在需求剖析的異同，可以看出不管是心理學研究，還是大眾對認知，我們對自身的幸福感越來越看重，也可以用更有覺察的方式去細分和理解了。

這種心理的進化，就是在做一件事：整合身（生存）、心（愛）、靈（超越），讓這三個層面一步一步達到同步成長和平衡。只有當我們的身體、心靈和精神和諧一致，才能真正體驗到幸福的感覺。

在這一部中，我分成三個面向來討論。首先，我們要認識到生活不只有一個面向。每個人都是多面體，擁有多種角色和身份，需要學會在這些不同的角色之間找到平衡，理解個人在社會系統中的交互作用。當我們把自己看成是社會組成生態系統中的一環，用生態學原則去思考，就可以在生存方面找到打造幸福的切入點和方向。

其次，說到愛與尊重這種感受性的需求，那麼因果推演邏輯與哲學的正反思辨思維就能幫助我們思考，釐清我們在生活中產生的不同想法，不管是我們好像可以自由選擇的，還是看起來命定無法改變的，用邏輯推演和正反思辨的思維，讓我們能夠更深刻地理解自己的選擇動機和可能走向的結果，從而更有智慧的做出趨近於讓自己幸福的決策。

最後，我想要討論如何「在生命的不確定性中找到確定的方向」，這是我們創造幸福的重要方法。預測與決策的科學方法，結合哲學的不確定性思考，能幫助我們在變幻莫測的生活中找到穩定心態的基石，實現屬於自己的幸福版本。

14

不只一個面向
——元素在系統中的交互作用

你有發現嗎？隨著人類文明發展，我們開始習慣把自己獨立於這個地球的生態系統來看待。比如說，提到狼，我們會想到狼是社會型獵食動物，屬於食物鏈上層的掠食者，只有人類和老虎會是狼的威脅。但我們提到人，除非是人類學家、生物學家，我們一般人想到的是人分為不同國籍、不同種族、不同職業、城市化不同、文明化不同……我們很少去討論我們是屬於食物鏈的那個位置。看到這裡，你應該會想，我們應該就是食物鏈的頂端吧？

這反映出一個現實狀況就是：人類已經發展到很複雜的階段，單是人類的社會型態就已經算是一個新的生態系統了。有一天我想到，如果借用我們看「狼在整個地球的生態系統定位」這樣的思維來為自己定位，用這樣的思考方式來釐清自己，就好像在不熟悉的城市中，有一張資訊豐富的地圖可以做嚮導，這樣似乎滿有說服力的。

人人有連結，事事環環相扣

其實，未來學家艾爾文・拉茲洛（Ervin Laszlo）博士在阿卡西能量場（Akasha）的研究中早已提到：宇宙中的每一個元素都是相互聯繫、相互影響的。作為人，是地球上的其中一個元素，又值社會文明建構快速發展時期，必然每個人之間在這個社會中是相互聯繫、相互影響的。

這一觀點與生態學中的一個重要原則相吻合：元素在系統中的交互作用。生態學強調，生物體與其環境之間存在複雜的相互關係，這些關係構成了一個動態平衡的系統。同樣的，人類生活也是一個複雜的生態系統，我們每個人都是這個系統中的一個元素，我們的行為和選擇會影響整個系統的運作。

這一觀點為我們提供了一個理解人生多面性的獨特視角。人生並非單一的、線性的過程，而是一個複雜的、生態系統般的結構。我們的行為、情感、思維和決策，都在這個系統中相互作用，形成了一個動態發展的體系。

比如說，假設有一天你決定換工作，這個決定不僅會影響你自己的生活，也會對周圍的環境產生影響，像是你的家庭、朋友、同事，甚至你所處環境的產業等，都會因你的這個決定而受到影響。這就是我們個人的言行在社會整個生態系統中所產生的相互作用。

像這種人人有連結、事事環環相扣的生態本質，就在提醒我們，無論處於什麼階段、要做什麼決定，不要從單一角度來理解人生，這不符合我們所處的社會環境的現實狀況。

我們需要像生態學家一樣，觀察並理解這些複雜的相互關係。利用這樣的思維來思考，能夠幫助我們更全面的理解自己，並學會如何在這個複雜的生態系統中，找到自己的定位，經營自己的生活。

以生態系的角度看待「無常」

當然，用生態系統看到我們所處的環境和人事關係，就更能接受生活中出現的各種突如其來的變化和衝擊，也就是佛學所說，令我們害怕又無奈的「無常」。

一個生態系內，各種生物之間和環境之間有既定存在的平衡關係，任何外來物種或物質入侵這個系統，都會破壞既定的平衡。只要這個生態系沒有被嚴重的破壞（像是隕石撞地球導致恐龍滅絕之類的事），導致生態系永久崩毀，這個生態系統在交互作用之下，經過時間的醞釀，又會達到另一種平衡狀態。

這種生態系「建立↓平衡↓平衡被打破↓建立新的平衡」的過程，很像我們的人生經歷。

不管是我們被動的接受生命中的各種人事物的發生，還是主動去學習、突破、成長，只要我們稍微回顧自己的經歷就會發現，我們在每個階段，因為不同人事物的改變和加入，我們就會從某種狀態進階到另一種狀態。

看看市面上不同的名人、成功人士的傳記，他們的經歷串在一起，就是從一個階段到另一個階段的心路歷程，也是從建立一個生態系統到形成另一個生態系統的過程。而他們最厲害的地方，就是在不同階段的不同生態系統中，做到快速認知、快速反應、快速定位自己，從而快速釐清當下狀況，找到建立下個生態系統的破口。

蘋果公司的創辦人史蒂夫・賈伯斯（Steve Jobs）就說過：「你不能僅僅憑藉一條線來連接你的人生點滴，你必須相信這些點滴在未來會以某種方式連接起來。」他的星盤很有趣，太陽在雙魚六宮，上升是處女。

這樣的個性一言以蔽之，他就是一個生活（六宮）藝術家，在用感性（太陽雙魚）理解人生的同時，也極盡可能的用他的理性（上升處女）來創造。而守護他上升處女的行星，水星坐落在水瓶五宮逆行。他的創造過程不是一帆風順的（逆行），卻一步一步符合大眾理想需求（水星水瓶），而且這樣的創造，改變了整個社會的休閒娛樂結構、創意結構、孩子及未來的發展結構……

第五宮也是未來我們接近死亡的時候會回顧的地方，看看我們的人生有沒有過得值得、有沒有活出我們想要的樣子。也就是佛洛依德說的，一個人在死之前覺得幸福，才能說他這一生真正達到了幸福。

賈伯斯的第五宮有水星水瓶，也有凱龍水瓶。水星水瓶代表對於整個世界舞台這個生態系來看，他所追求的雖然坎坷，但已達成極致的幸福感。

但反觀自身，凱龍水瓶也透露出他對自己的關注，對家人的關注尚且有所遺憾，有一種為了大我來不及照顧小我的心境，而對被愛的渴望、對家人的依戀這種關注度不夠，也很可能是他生前生病的心因性原因。

人生就是這樣，用力經營一件事，就有可能忽略另一件事，所謂「智者千慮必有一失」。在快速發展的社會氛圍內，在錯綜複雜的人際關係中，在瞬息萬變的機會風口下，怎麼做不會顧此失彼，進而避免造成強大如賈伯斯也會有的遺憾呢？

答案就是，不要單點單線看到自己的人生。壞事發生不一定就是壞的結果，好事發生不一定就是好的結果。要用發展與辯證的思維看現狀，就要借鑑生態系的模式，以系統化環環相扣的思維去思考、判斷、布局與決策。

「原型」代表了人的多面性

人生不能追求完美，但可以追求盡力。只要盡力就無怨無悔，就會有心甘情願的幸福感。

心理學家也是針對人的多面向有相關的研究，他們認為一個人的幸福感來自於自我認知。人類的自我認知是多層次的，包括了我們的內在心理、情感狀態、行為模式和社會角色。而自我認知的深度和廣度，決定了我們如何看待自己、如何與他人的互動，這些經歷影響並組成了我們的幸福感來源。

一般心理學家認為，每個人的多層次、多面向的自我認知是動態的、互動的，不同時期內在的心理和情感狀態，會影響他的行為和自我評價。

像是心理學家卡爾・榮格就提出了「原型」（Archetype）的概念，用來解釋集體潛意識。集體就是一個社會的生態體系，而集體潛意識就意味著，要在人類內心中找到不同面向，而這些面向正影響並共同構成我們的整體人格。

因此，「原型」概念是理解人類內在多面性的重要理論。把「原型」看作集體潛意識的一部分，存在於所有人類內心深處，反映了文明進程中人類的共同經驗和心理模式。

「原型」是我們內心不同驅動力和需求的象徵，例如「英雄」原型代表勇氣和冒險精神，「智者」原型象徵智慧和洞察力，「探險者」原型則反映了對未知的好奇和追求。當對這些內在原型存在自己的言行思維中有所覺察和理解，就能夠幫助我們更加認識自己。

每個人在不同時期、不同角色下，都包含多個原型，但在不同的階段和情境中，某些原型可能會變得更為突出。例如，一個人在職業生涯中可能更常展現出「英雄」和「智者」原型，而在家庭生活中，則可能更多表現出「照顧者」和「愛人」的原型。透過理解這些原型，我們能夠更清晰的認識到自己，理解到自己的需求和行動的動能在哪裡。

看見不同面向的自己

原型在不同狀況下有不一樣的表現，這和生態學原則強調的「元素在系統中是相互聯繫、相互作用的」概念完全一致。就像生態系統中的每一個元素都在影響整個系統的運作，我們內心的每一個原型也在影響我們的整體人格。

這些原型在我們生活中的動態表現，就構成了我們個性的多面性，這讓我們的人格變得既複雜又豐富。好處就是，理解「原型」和「生態學原則」這樣基本且涵蓋動態、多層次的理論，能讓我們在生活經驗中，看見不同面向的自己，在這種有深度、有廣度的自我理解之下，當我們需要面對挑戰、做出決策時，對自我的控制力會變強，情緒上也不會那麼的被動、慌張、手足無措，取而代之的是因為了解自己而容易放鬆從容一點。

比如說，當在職業生涯中遇到困難時，如果能覺察到「英雄」原型的存在，我們可以及時自我激發內心的勇氣和毅力；而在需要做出明智周全的選擇時，則可以借助「智者」原型的洞察力來調整我們的心態。

這種內在的自我認識和調適，能夠幫助我們在複雜的生活情境中找到身心靈的相對穩定，讓我們的感受、想法和行為做到內外和諧平衡，這樣就建構了「遵從自我」的生活哲學，這樣的自我是有覺察力、判斷力、獨立思考力的，也是有邊界感、高自我效能感的。這樣的自我建構，會因為經歷得多而變得更加有自信和魅力。

古希臘哲學家赫拉克利特認為，萬物是永遠變動的。大家耳熟能詳的「人不能兩次踏入同一條河流」，就是他對於萬物變動的看法。對於人生的變化和多樣性，使得赫拉克利特成為辯證法思維的奠基人之一。

他在樸素的生活日常中，看到了相互依存、相互統一、相互轉化、相互作用的一面，這個哲學理論就符合我們所討論的，既然萬事萬物包括我們人都是多面向的，那就必然符合「生態系原則」。

存在主義哲學家尚-保羅・沙特（Jean-Paul Sartre）針對人的思想和生活

方式提出了「自由與選擇是人類存在的核心」，他認為我們的選擇和行動使我們成為獨特的個體。存在主義哲學觀點幫助我們從在物質世界生存和精神在場的角度理解，人生的多面性不是混亂的，而是我們自由選擇和創造的結果。

當我們有這樣的主觀意識和主動能動性，就需要理解我們所處社會的生態系脈絡、人們的思維基本模式，以及人性在社會性潛在邏輯下的邏輯。這樣層層覺察、累積、推演、認知，能幫助我們在不同階段、不同角色下，找到自己的存在意義和生活努力的方向。

透過占星系統找到內在心理地圖

不管是前面我們討論過的心理學，還是哲學，都讓我們看到前人為了了解人所做出的深思和努力。

人確實因為不只有一個面向而不容易理解，也因為人有多面向的性格取向能適應不一樣的困難和挑戰。這就是我們占星學的意義所在。

或許大家沒有時間來看這麼多的心理學、哲學的書，但占星學的體系已經幫我們組織好了人的內心與生活面向中千絲萬縷的連結與轉化。只要了解占星系統的基本概念，就能幫我們看清自己內在的心理構成地圖，找到理解自我的途徑，把看似複雜的個人情感，用占星學系統找到其內在相互作用、相互轉化的邏輯。

比如說，透過理解我們的太陽、月亮和上升星座之間的關係，就可以找到如何平衡自我認同、情感需求和社會角色定位的方法。

人生不僅僅是一條直線，而是一個複雜的生態系統。我們的內心也不是單純的幾種感受和記憶，而是有不同的性格、特質和需求的面向可以探索和挖掘。

在我們的精神系統中，我們的情感和思維直接影響著我們在現實生活中的表達、行為和決策，精神和生活相互作用，我們與他人的關係也相互作用，因此構成了我們的人生生態系統。這中間看似複雜，仔細觀察實則有跡可循。

當我們參考「生態系原則」，運用在我們的實際生活和思考中，就能學會以多面向的辯證思維來理解他人和自己。而占星學中各個元素的建構，就是建立在這樣的思維邏輯之上，像是一個遙控器，用簡單的介面，就可以為我們提供提示和引導，協助我們操作複雜的精神與社會系統。

循著占星學建構體系的引導，我們也能順便完成一次深入的自我解構和探索，在一次一次的自我對話中，找到屬於自己的人生路徑和方向。

15

「因果邏輯」與「哲學思維」
——自由意志與決定論

我在前面第六章曾提過一個案例，有個女生說她的擇偶標準是只允許與她旗鼓相當、可以發生量子糾纏的人進入她的私人領域。不過兩個人之間如果發生量子糾纏，情緒狀態會互相影響，大致有兩種原因。

一種就是這位女生說的「旗鼓相當」，這種關係算是棋逢對手，在心態上是彼此尊重平等的情感關係。兩人之間互相獨立，在自己的領域有所成就，能互相欣賞欽佩，因此能形成互相依戀、互相能接住對方心理需求的關係。

另一種就是「業」的能量產生的關係連結。這種業的能量沒有相遇的時候，是時機未到，沒有產生出互動的能量。而當契機到來，一切的發生都是剛剛好的能量牽引。這個業的能量如果是好的因，就會有積極的結果；如果來自不好的因，就可能會有消極的結果。

每個人都有主觀能動性

現實狀況是，我們可以遇到旗鼓相當關係的機率不高，首要原因是，我們不是從一開始就了解自己。

不了解自己的時候，人生都是在隨著本能和機緣活著。這時候遇到的緣分大多來自於「業」的牽引。這時我們的人生是隨著命運的手來指引並運轉的。遇到誰、做了什麼事、留下了什麼，好像都由不得自己主導。

如果我們在這一系列的經歷、探索、覺察中慢慢認知、反思，乃至覺醒，你就會發現，這個世界就是這樣——當你一無所知、心態被動時，這個世界有股力量會帶著你動；而當你覺知到要主動經營人生的時候，就可以因應及時自我覺察的意識和認知去建構、解構、轉化我們遇到的人事物，從而主動的經由各種判斷、選擇，自主的引導生命能量往我們想去的方向發展。

關於這部分的解析，就是把精神性的內在因果邏輯推理能力，放在現實生活中的運用。

簡單說，本能的我們更容易受到外在環境和內在精神狀況的影響。但在因果邏輯思維的帶入下，我們會進一步了解到，每個人都有主觀能動性，我們擁有最終的選擇權和決定權。

但這最終的選擇和決定，到底是被外界影響的成分多，還是純粹是自主意識的自由選擇，這樣的狀態就需要再帶入辯證的哲學思維來反芻思索。只要仔細感受就知道，在我們的生活中，因果邏輯無處不在：某個事件或行為的發生，會導致另一個事件或行為的發生。這種因果邏輯的探討，無可避免的牽涉到自由意志與決定論之間的關係：人類是否真的擁有自主選擇的能力，還是一切行為都在不變的因果法則下被決定？

這一問題不僅是心理學和哲學的重要議題，也是占星學的核心探討之一。

邏輯推理與精神的哲學思維能力

英國物理學家史蒂芬・霍金（Stephen Hawking）曾在他的著作《時間簡史》（*A Brief History of Time*）中提到，宇宙的運行遵循著確定的物理法則。

如果我們能夠完全理解這些法則，理論上就可以預測任何事情的發生。

這種看法與決定論非常相似，認為一切是由既定的規律所決定的。然而，霍金也承認，在現實中，我們很難掌握所有的變量和初始條件，因此，我們人的行為和選擇仍然有相當的不可預測性。

也就是說，**雖然我們生活在物理世界中，宇宙的運行遵循著確定的規律在運行，但我們作為人，仍然有一定程度的自由，這種自由來自於我們的內在，是對未知的探索和不確定性的接納。**

霍金認為，科學的進步雖然讓我們能夠預測和理解許多自然現象，但在人類行為和心理領域，我們仍然需要承認自由意志的存在，這是我們能夠創造和改變自己生活的基礎。

這樣看來，我們必然要掌握兩種能力，一是符合現實世界的因果邏輯推理能力，二是符合精神世界的辯證哲學思維能力。

物理學家愛因斯坦也說過：「上帝不會擲骰子。」愛因斯坦作為現代物理學兩大支柱相對論和量子力學的創立人，他也支持「決定論」，認為宇宙的運行是有規律可循的，不存在隨機性。他也是堅定的因果邏輯擁護者。

即便如此，愛因斯坦這一觀點並不否定人的自由意志存在，而是認為自由意志可能是脫離了物理世界在更高層次上的表現，他認為自由意志所在的能量領域超越目前科學所能理解的範疇。

也就是說，愛因斯坦認為雖然物理學上的因果關係是確定的，但人類的精神世界和行為選擇充滿了變數和創造力。我們的思想和行為不僅僅是物理定律的反映，更是我們內在自由意志的表現。這種自由意志讓我們能夠超越簡單的因果關係，創造出新的可能性和未來。

由此可見，即便是已經能窺探整個宇宙底層邏輯的大學者們都不約而同一手緊握因果邏輯，確信物理世界的決定論思維；而另一手也緊握著辯證的哲學思維，肯定了自由意志的意義和超越性。

「物理世界的能量運作模式」和「精神世界的能量運作模式」既能分開看，又能整合理解，這是他們深入而多角度理解能量的精華表現。

一切只是命中注定？

接續這些大物理學家們的思維，我們再反過來看，人的命運是注定的嗎？或許，在現實世界，注定的成分有跡可循。

比如說，我們出生在什麼樣的家庭；什麼特質和背景的人成為我們的父母和家人；我們的性別和個性特質；我們會遭遇到的各種機緣契機，看似獨立卻又環環相扣。在現實物理的世界，確實有某種隱形的因果邏輯牽引著我們，在人生路上遇到不同的人事物，因此出現不同的心境和選擇。

但，就是有很多人，像是聖雄甘地、德蕾莎修女、巴基斯坦戰爭中成長起來的活動家馬拉拉、主持人歐普拉，他們的出生各有各自既定的生命軌跡，而他們的思辨能力和自由意志的選擇，帶他們走到對社會有傑出貢獻的人生至高境界，為人們帶來了極大的福祉。

這就是精神世界的能量運作法則，或許受限於現實世界的環境，但只要有足夠的因果邏輯能力去適應現實，再有足夠的精神覺醒力去創造一個新的精神境界，精神世界的能量不僅不會再受限於物理法則，還會反過來用新創造出來的精神能量去主導和建構一個新的現實世界。

所以說，心靈覺醒很重要。在沒有覺醒之前，我們是受困在這個物理世界的既定運作模式中，而一旦心靈覺醒，力量會無比強大。這時出生時被設定的命運已不再是禁錮，而是養分，用來促發我們去創造一個嶄新的、更有利於我們自己、有利於周圍人、有利於整個世界的命運。

哲學界一開始的決定論觀點

說到這個階段，我們一樣要打開哲學思維的大門，去找建構這個精神世界的思維論據。

或許不少人以為，哲學界是絕對支持精神世界、自由意志、心靈覺醒這樣的說法，其實不然。在哲學界並不是一開始就盲目的把物理世界和精神世界分開來談，哲學界也非常尊重物理學的立論、觀察、實驗、驗證這樣的學術思維。

像是支持行為主義學派的大師史金納（Skinner）是決定論的堅定支持者。他認為，一個人所產生的所有行為，都是由過去的經驗和環境刺激所決定的，自由意志只是自我欺騙的神話。

例如，一個人在選擇伴侶時選擇了琳達而不是安琪，這個選擇是由其過去的經驗和潛在的心理驅動所決定的，而非自由意志的結果。史金納的觀點不只是一個思維的推論，他有用實驗研究來支持他的立論。他透過動物實驗，證明了行為是如何受到外部刺激和強化的影響。

這些研究顯示，行為的出現和改變都是由環境中的獎勵和懲罰所決定的。他認為人類行為也遵循同樣的規律，我們的選擇和行動都是由過去的經驗和環境條件所決定的。這是哲學發展到行為主義學派這個階段，對人類精神的觀察和理解。

原型概念肯定自由意志的主導性

比史金納更早的瑞士心理學家卡爾・榮格，他的「原型」概念就是另一個方向，上一章我們有詳細說明過，「原型」概念強調了人類內心的多面性和集體潛意識的存在。

榮格認為，我們內心的不同原型，像是「英雄」、「智者」、「探險者」等，構成了我們的整體人格，這些原型的互動和平衡影響著我們的行為和選擇。這種觀點其實就是在肯定「自由意志」對於現實世界是有主導性作用的，榮格的論點認為，我們可以透過理解和平衡內在的原型來做自主選擇。

榮格的「原型」概念認為我們的行為和選擇受到內在原型的驅動和影

響，而這些原型又反映了我們內心深處的不同需求和動力，透過認識和理解這些原型，我們可以更好的認識自己，做出更符合內心需求的選擇。

這種內在多面性和原型的互動，為我們提供了自由選擇的基礎。「原型」概念顯然是支持自由意志論點的，認為我們的精神內在有感受和選擇權，可以主動去主導現實世界。

回頭再看看決定論，決定論認為一切事件都有其必然的原因和結果，我們的行為都是被過去所決定的。然而，這種立論觀點需要接受一個重要的疑問：如果一切都是被決定的，那麼我們的道德責任和自主選擇的意義又是什麼？

支持人類自主性的不同哲學觀點

更早期的蘇格蘭哲學家大衛・休謨（David Hume）指出，雖然我們的行為可能受到過去經驗和環境的影響，但這並不意味著我們完全沒有自由意志。他認為，自由意志存在於我們能夠在不同的行為之間進行選擇。即使這些選擇受到過去的影響，我們仍然擁有一定程度的自主性。

所以，從蘇格蘭啟蒙運動時期，當哲學還沒有受到愛因斯坦之前的古典物理學影響時，其實就已經有類似的雙重注重了——既注重邏輯實證主義，又強調自然主義。

自由意志的支持者認為，雖然我們的行為受到很多因素的影響，但我們仍然擁有一定程度的自主選擇能力。

和大衛．休謨幾乎同一時期的哲學家康德認為，自由意志是人類道德責任的基礎，是我們能夠自主決定自己的行為並對其後果負責的根本。

這種觀點強調了一個人的主觀能動性很重要，認為我們擁有超越環境和社會影響的能力，可以自主選擇自己的行為。康德的自由意志理論強調，我們的行為不僅僅是外部環境和過去經驗的結果，更是我們內在意志和理性的表現。

他認為，自由意志是我們能夠做出道德決策和承擔責任的基礎，讓我們能夠在道德和倫理的框架下進行選擇，實現真正的自主和自由。

很顯然，當古典物理學（也就是在相對論和量子力學之前）強調像是古典力學、熱力學等古典物理定理，曾經大範圍的影響到哲學和心理學派的發展，把精神世界不小心用物理世界的觀察、測量、驗證的思維來衡量和運用，顯然就是把物理世界和精神世界混為一談了。

我們前面已經討論過，其實物理世界和精神世界的能量運作方式和法則是不一樣的。而現代物理學關於相對論和量子力學的發展，又開始把這樣的偏移拉回來了。

這是一個非常好的現象。讓我們尊重和敬畏自然法則的同時，不必再妄自菲薄，我們同時可以尊重和看見屬於我們人的精神世界法則。

占星學的解讀方式

根據我的經驗，上述心理學和哲學理論，我們可以不必通讀研究，因為占星學的思想已經幫我們整合出一個深入淺出的系統。即便物理世界加精神世界，在普通人看來神秘複雜的程度猶如一台電視機裡的積體電路，但透過占星學，就像我們掌握了可以遙控電視的遙控器。簡單的技巧，只要深入理解和解構，同樣能解讀複雜的生活世界和內心世界。

占星學系統中的因果邏輯，可以帶我們窺探宇宙規律和個人命運之間的關係。透過分析出生星盤，可以看到行星的位置和運行軌跡如何影響我們的心態、行為和生活。

比如說，木星在星盤中的位置預示了我們的成長方式和看見機會的方式，而土星則代表了我們個性面向的自我限制和可能面對的壓力和挑戰類型。這些行星的影響，反映了我們內在特質和外在環境的互動。

舉個例子，我的一位個案，她的太陽獅子，月亮雙魚，上升天秤。太陽代表她的內心擁有獅子座的自信和領導力，月亮代表她有雙魚座的豐富情感和同理心，上升代表她喜歡也期待自己可以像天秤座一樣，有優雅的氣質、平和有愛的內心。

在她的生活中，這些不同特質會互相影響，在不同的角色狀態下，決定了她的行為模式和選擇。比如說，在職場中，她的獅子面向擁有的領導才能和自信，讓她可以在工作中快速變成公司的核心管理層。她發揮獅子的特質激發和引導團隊，讓她擁有快速成為領導者的優勢。

而在人際關係中，她的雙魚特質讓她更敏感、細心、體貼，能夠及時理解和同理家人、伴侶、朋友的情感需求。同時，她的天秤特質讓她容易往從容、優雅、放鬆、知性的方向發展，更傾向避免各種關係中的衝突和對立。

這種內在特質的多面性，只要能看懂並運用得當，就能讓她在不同情境角色中展現自己適合的特質，在輕鬆做自己的同時，也能收穫事業、關係、生活環境的進步和幸福感。

占星系統從這個方向理解和運用，完全可以擺脫盲目、制式的迷信使用思維，占星學完全可以用多面向思辨的思維邏輯去做科學的運用。

活用占星系統的多面向思維

占星學系統雖然是一些行星、星座、宮位、相位的組合，有些人會覺得就是以一些概率性的東西來決定一個人是什麼樣的人、過什麼樣的生活，但是學會了占星學系統的科學運用，就會發現，占星學這個學科系統，或者說是一個思想系統，**它強調的是一個人的自由意志和自主選擇**。

我們透過占星學系統研究一個人的內在特質和外在影響的同時，目的是要運用心理學、哲學的研究成果，來提高我們調整、轉化、改變的能力。透過理解自己的出生星盤，我們可以更好的認識自己，理解內在的驅動力和需求是什麼，從而做出更符合內心需求的選擇，實現「我是什麼人就做什麼事，我怎麼想就怎麼去選，我喜歡什麼就去創造什麼」。

用自由意志的觀點來看占星學系統，就會發現行星、宮位、星座、相位這些元素，雖然在出生時有既定的排列組合，對我們的行為和命運有一定程度的影響，但我們仍然擁有轉化這些元素的自主選擇和改變的能力。

比如說前述的例子，太陽獅子運用得好是有領導能力，運用得不好就是愛面子；月亮雙魚運用得好是細心體貼，運用得不好就是沒有判斷力的戀愛腦；上升天秤運用得好是優雅知性，運用得不好就會變成每天疲於奔命應酬的派對咖。

有沒有往好的方向轉化，還要看我們能不能先看懂自己的特質，再看懂內心的需求，再找到掌握主觀能動性的力量。

這部分，不必太費力去研究心理學和哲學的各種理論，只要透過占星學體系去解構自己的出生星盤，就能找到突破方向。

只要運用因果邏輯去理解世界，以哲學思維去思考自己的自由意識要如何發揮，我相信，借用占星學系統的智慧，我們可以找到內在的力量，轉換現實的各種狀況，創造出屬於自己的人生。

16

「預測」與「決策」——在生命的不確定中找到方向

談到占星學，大家都會聯想到命理、玄學、不科學性等等。我必須說，這是不理解的人霧裡看花的刻板印象。

我們在前面已經討論過「科學思維」與「迷信思維」的差別。其實歸根究柢，我作為占星師，想跟大家說的是：我們要摒除「社會上怎麼說，我們就怎麼看；別人怎麼看，我們就怎麼想；專家怎麼說，我就怎麼信」的思維；要摒除這種習慣被填鴨、被餵養的想法模式。尤其現在是資訊鋪天蓋地的時代，我們的大腦就像一個一個水缸，是任由老天下雨就填滿的狀態。

保持中性思維觀察各種訊息

幾十年來我也曾經是這樣的狀況，直到有一天，我發現我過的都不是我想要的生活；我正在努力的，不是我希望的；我討好的，不是我喜歡的；我堅持的，並不是我贊同的。

當我意識到這一點，就開始在想：是世界有問題，還是我有問題？為什麼活得這麼努力，並不感覺到真的開心？為什麼堅持努力奮鬥所得到的，沒有想像中的成就感？

後來我發現，**人的心，要被自己想要的填滿才叫滿足；要活得越來越像自己，才會真的開心。**

好吧，我承認，我到現在還是不時會被別人的意見主導，但機率已經越來越少了。因為我已經養成一個習慣，任何我聽到的訊息都是經過別人加工、總結、過濾後的訊息，而且絕大部分訊息都是有目的性的。我要秉持的態度就是，透過訊息，要看到傳播訊息的人的意圖和目的。

這樣觀察並不是想保持「懷疑論」和「陰謀論」的態度，而是要時刻保持中性的思維看待身邊的各種訊息和現象。

就是因為十幾年的刻意自我訓練，我感受到我的邏輯越來越縝密，思維也越來越深入有辨別力。因此我的想法一般都處於清醒狀態，思考、篩選、表達訊息的能力也變強。我對不確定性的推理、復盤、預測能力也開始增長；對於人生中的各種不確定性更有駕馭力；對於確定的也不敢造作，隨時去覺察、反思和重新建構，以免自己飄飄然不知所終。

《中庸》中有一句話：「至誠之道，可以前知。」意思是說，如果我們可以發揮出自己本來的特質，達到對自己、對外境都有極致真誠、尊重訊息源頭、尊重不同差異、尊重自己特質和所思所想的心態，就能擁有預測未來、感知未來的能力。就好比說我們好好學習高中的功課，就能大概知道自己會考上什麼樣的大學，是一樣的道理。

科學尚無法驗證的精神世界

科學是一種物理世界以預測性實驗所造就出來的體系。玄學是一種經驗法則下的預測性思想體系。

只相信科學的人認為，科學就是絕對的參考依據，卻忽略了科學的狹義性，畢竟科學是在有限資訊中得出的實驗結論。它在確定的實驗條件下推斷出某個規律，是精準的，可以反覆運用的。但這個世界，遠比科學發展複雜得多、深奧得多、無限得多。就像以前的古典物理學，完全不能理解現代物理學的廣義相對論和量子力學一樣。

科學可以是運用在我們物理世界的可信依據，這完全沒有問題。我本人面對物理世界，也是秉持著非科學不信的心態。但我們要知道，發展到目前已知的科學階段，我們人類所知的，和這個宇宙所有的，那是塵埃與大宇宙之間的差別；我們所儲存的知識訊息含量，在大宇宙中完全不值一提、幾乎可以忽略。所以如果只從知識角度看人類，我們就猶如塵埃般可以被忽略不計。

不過，必須說，如果提到人類的精神文明，那在整個宇宙中都可以記上濃墨重彩的一筆。

比如，大家一定聽過這類的故事。孩子從陽台上快掉下來，媽媽以打破世界短跑紀錄的速度接住了孩子。有人被壓在吉普車下面，他的家人徒手用一己之力抬起吉普車救出他。在戰場上已被子彈擊中頭部的狙擊手，在死亡邊緣重振旗鼓，瞄準敵人打出最後一發才犧牲。在家人過世的同一時刻，遙遠的他鄉，有人在夢中與家人做了告別……

這些都是真實發生的故事，不是玄學，不是巧合，而是人類精神世界的神奇力量，是愛，是信念。這些我們人類精神性的極致表現，感動著地球上的人們，鼓舞大家相信愛，相信心中的正念。

但至今這些現象，科學只能試著去解釋，但完全不能解構和駕馭這些現象，使之成為我們的日常。

占星學的預測有其運作原理

對，講到這裡，我們再來看占星學中對於流年的預測，你怎麼看？

如果用人類文明的精神思維系統來看，占星學有它統籌人類精神分類與提綱挈領出重點的能力。人生是不確定的，天體運動會形成各種引力產生磁場，對人類大腦的電化反應發生影響，以此來理解我們的精神世界，這就是占星學的詮釋。

占星學也能以不同角度劃分我們對人類精神性的認知（這裡我著重在我所研究的「榮格心理占星」的部分，比如宮位是看我們生活的不同領域，行星是看我們生活中直覺表現的劇本方向，星座是看我們的個性特質），藉此觀察我們的精神境界。

在我看來，占星學是一個非常聰明又有哲理性的學科，它有嚴謹的天文學作為基礎數據參考，也有哲學的思辨系統植入，整個占星學系統如果學得夠深入，是可以把科學和哲學融會貫通、深入淺出來為我們服務。

工具就是這樣，看得懂工具的，用起來就是鬼斧神工；而看不懂工具的，用起來就會技藝拙劣。

再從這個角度來看，占星學，甚至整個玄學，所謂的預言就是從已知訊息中觀察、篩選、解構、重組、推斷、驗證的過程，如果能秉持這種科學的預測態度，所有人都能透過預測而預言，透過預測做出更貼近未來的決策。

占星學甚至整個玄學，會有預言（我更喜歡用「預測」）這個重要的功能，就是因為我們的生命充滿各種不確定性，每個人都渴望擺脫對未知的迷茫與恐懼，渴望找到確定的方向，以實現自己的目標和夢想，讓生活過得更好一些、更幸福一些、更圓滿一些。

理性決策與直覺決策

在心理學中，有一個研究領域專門在研究「決策」，就是如何在不確定的世界中找出理性的選擇。

二〇〇二年的諾貝爾經濟學獎得主丹尼爾・康納曼和他長年的合作夥伴阿莫斯・特莫斯基（Amos Tversky）提出了展望理論（Prospect Theory）。這個研究發現，人類在面對不確定性的時候，容易依賴啟發法（heuristics）和偏誤（biases）。

這些心理機制雖然在很多情況下能夠快速有效的幫助我們做出決策，但也可能導致系統性的錯誤。他們認為，人們在面對風險時的決策行為，特別容易高估損失、低估收益。人真的不是理性的，並不是懂得物質世界的運作知識就能做出很好的預測和判斷，從而做出最優決策。

認知心理學家蓋瑞・克萊恩（Gary Klein）則認為，決策的過程可以分為直覺決策和分析決策。直覺決策依賴於快速、無意識的思維過程，而分析決策則依賴於慢速、理性的思考，兩者各有優劣。直覺決策在時間緊迫或資訊有限的情況下會特別有用，而分析決策則是在複雜且資訊充足的情況下更為有效。

蓋瑞・克萊恩舉了一個例子。一棟民宅的廚房發生火災，消防員們很快撲滅了熊熊烈火。當大家以為救火任務順利完成、放鬆警惕時，隊長突然大喊：「馬上撤出！」隨即廚房的地板塌了，幸好這時所有的隊員都及時逃出，沒有造成人員傷亡。

後來消防隊重新檢討任務，回想火災現場隊長這一神操作，隊長說當時他只是做了直覺決策，後來回想才想到，當時火災現場非常安靜，但他的耳朵卻感覺到現場溫度比日常溫度要高，這一感覺激發他馬上做出直覺決策。

也就是說，當時如果從已知的資訊來做理性的判斷，他可能不會有立即性的分析決策來避免人員傷亡。而他當時是透過長年的現場經驗做出直覺決策，救了現場所有消防人員的命。

由此可見，不是只有理性、有依據的所謂科學預測是好的，感性經驗的判斷在很多時候才是最精準及時的。

從哲學理論看直覺決策

在哲學領域，哲學家如柏拉圖（Plato）和亞里斯多德（Aristotle）提出有關確定性和知識的理論。

柏拉圖認為，真正的知識必須是確定且不可改變的，而亞里斯多德則強調經驗和觀察的重要性，認為知識是從經驗中獲得的，因而帶有一定的不確定性。這部分剛好跟前述決策心理學的研究相符。

存在主義哲學家如尚-保羅・沙特和馬丁・海德格爾（Martin Heidegger）認為，不確定性是人類存在的一部分。我們無法完全預測或控制未來，但我們可以透過自我決定來創造意義和方向。

沙特則提出「存在先於本質（Existence precedes essence）」，強調我們的存在本身是先於任何預設的本質或目標的，我們必須自己創造生命的意義。也就是說，生命雖然有各種不確定性，只要我們有自己的信念，根據心中的信念去定義、創造、選擇、決策，我們的內心就能產生某種相對的確定感。

其實很有趣的是，科學是在確定的物質世界中，一步一步探索到各種不確定性，像是量子力學的波粒二象性、客觀隨機性，就是科學領域從物質世界的確定運動規律中，探索到物質世界存在不確定性的面向。而哲學本來在思維系統上是思辨的邏輯思維，也就是一個事物要從正面看，也要從反面看，是不確定性的，但**當我們找到自己的信念可以定錨時，就在不確定的人生中找到了確定性的感受。**

奧匈帝國數學家兼哲學家庫爾特・弗雷德里希・哥德爾（Kurt Friedrich Gödel），曾被《時代週刊》譽為二十世紀最傑出的數學家，他研究的「哥德爾不完備定理」認為：

一、不是所有對的東西都可以被驗證，比如直覺，直覺是一個系統性的思考網，就像靈魂的存在一樣，無法被物理驗證。

二、沒有一種理論或真理可以解釋所有的事物而不被超越。因為生命和靈魂是不斷在進化，這樣的設計讓生命和靈魂的進程沒有標準，也沒有終點，這讓生命永遠會有新發現、新挑戰，在這樣的規律中找確定性，是一種天方夜譚。

三、當生命存在不完備性時，是在告訴我們，有些資訊是我們不可能知道的。在未知中，就不存在永恆的邏輯和理性，生命的存在便能夠在邏輯和理性之外找到缺口。這部分需要我們仰賴經驗和直覺來判斷決策。

哥爾德用嚴謹的數學邏輯說明了「人類的不確定性和不完備性」。後來物理學家們也計算出了一個數值——百分之四，亦即我們已知的宇宙物質只佔整個宇宙的百分之四，而還有百分之九十六是我們看不到的，這些是暗物質、暗能量、真空能量等等。這也剛好驗證了哥德爾的不完備定理，有些資訊我們不可能知道。

這種宇宙資訊在極少數範圍內被發掘定義，而大多數不能被我們認知或證明，沒有一個絕對的定理、真理可以定義我們所在的世界。人生無常，事事皆有可能，生命就是在分析決策（確定性、理性、科學）和直覺決策（不確定性、經驗、精神）中不斷的成長，再一代超越一代。

占星學在此就提供了一個獨特的視角，來看待我們的不確定性和直覺決策這部分。這部分無法用理性、確定性的科學作為依據，卻能用科學的、哲學的思維來做觀察、解構、分析、決策。

「預測」在心理方面的意義

前面我們討論了「預測」的必要性，探討人們在做決策之前，為什麼這麼需要預測。但其實，在心理學研究中也發現「預測」可以帶給我們較高的自我效能感。

比如說，一位職場新鮮人想要轉換跑道，接受一份新工作，當他對職場知之甚少、經驗也不足時，和一位有經驗的人聊聊就極為重要。一位了解相關產業的長輩、一位身經百戰的獵頭、一位擁有科學思維的占星師，在這個時候都能給他有效的幫助。

而現實狀況是，你不一定能找到並說服一位相關產業的長輩提供你詳細而實際的建議，你也不一定有能力請得動一位資深獵頭幫你做職業規劃和評量，但是你有機會可以找到一位擁有科學思維的占星師，透過占星學系統的排列組合找到你的個性特質與天賦，透過流年幫你看哪些事需要注意、哪些事可以放大運用。

說到底，「預測」就是為了讓我們在感到不確定的時候，幫助我們建立信心，透過合理的預測，幫助我們減少對未來的恐懼和焦慮，並產生更多心理能量去積極應對正在面臨的挑戰。

「信心」是提高我們自我效能感的關鍵因素。而且，「預測」也可以協助我們提高決策品質。科學方法可以為我們提供數據和證據方面的支持，而哲學的思維體系可以幫助我們在面對不確定性時，持續保持開放和靈活的心態，協助我們在複雜的狀況下做出更明智的決策。

再者，有了預測的意識，我們的思維會被打開，不會是只盯著自己知道的幾種可能性，而是看到多面向的可能性，這樣的心理建設之下，我們的應變能力自然會提高，可以協助我們更容易適應環境的各種變化，也更容易在困境中把握機會，找到突破口。

最後，「預測」也能幫助我們在不確定中找到內心的意義和方向。面對未知的時候，「預測」這個動作就是在告訴我們，生活可以透過自己的反思、創造來做決策，我們有能力打造屬於自己的道路，或許有些事無法控制，但我們確實可以靠自己主導不少事態走向，在一定範圍內，我們可以透過預測，深刻的認識到「生活由我作主」。

有幫助的高品質預測

最後的最後，我透過自己的經驗和學習，來談談什麼是高品質的、有幫助的預測，給大家做參考。

首先，一個好的預測，都不是確定的單一事件，而是一個概念。比如說，你如果保持現在的心態，雖然會有效率、被關注，但很有可能不夠踏實。這是一種價值觀式的預測，你可以提出你的觀點，具體事件請個案自己帶入去領悟即可，我們不要用自己的價值觀判斷直接介入比較好。

其次，一個有幫助的預測，絕對不會是固定無法變通的規範（比如說「絕對不要開車，因為你下個月有車關」之類的），而是提出個案的特質，讓他記得在任何時候都要用自己的特質去應對（比如說「流年火星牡羊進入你的第三宮，你可能容易急躁、粗心、為了做好一件事而忽略了其他的事，所以這段期間要記得想得全面一點、小心謹慎一點、注意細節的處理」等等）。

第三，一個好的預測，大局比小節重要。為了一個目標的投入，背後一定有其代價和犧牲。比如說，為了考一個好的學校，可能需要犧牲休息的時間；公司為了抓住大客戶，在人員和資金的調配上就要犧牲一些較小的業務訂單等等。

最後，一個有效的預測，要給幾個階段性的建議，比如說，近期該注意哪些，中期要往哪個方向調整，長遠來看要怎麼佈局。

沒有一個時局是確定的，事態、環境、人事、心境都是在不斷變化，要引導個案用動態的思維和心態來看待當下與未來。

【後記】

我的自我探索之旅

歷史學家許倬雲先生曾說，現在大多數的知識份子，都是siber（網路）知識份子，是檢索機器，培養出來的都是凡人，沒有思考者，他們沒有想像力，沒有理想世界。

但也不是說，現代人就任憑時代的巨輪輾壓，我們還是有救的。書本資訊、網路資訊，只要有心，靠自己摸索，還是有機會開啟自己的想像，去創造一個屬於新世代的理想藍圖。

發掘自己內在的光

只有經歷過失望透頂、感受過無可奈何的人，才會回到人生本位去思考該怎麼走、生活該怎麼過、要為了什麼而活；人生只有在有機會往深處看的時候，才能找到其中的意義。既然要思考，就要思考得徹底，而不是在一知半解之下影響情緒。「認知」一般是在某種機緣之下才會被打開，比如，你正在吃的苦、想要留的人、已經失去的機會……

當經驗和知識之間有了連結，人和人之間的認知就有了迴響和呼應，就能形成一股強大的成長力量。

平日裡，做該做的事，遇到契機，力求打開新的角度和立場。只要認真過每一天，一邊體驗人生，一邊解決問題，把時間和精力花在探索自我、理解自我、超越自我上，去行動、去決策、去影響，這樣盡力的活著，就能建構出人生的幸福和不悔。

我們對自己的認知，不僅是由時間、故事串連而來，也是與一位一位真實的人串連形成的。可能是與祖先的串連、與父母家人的串連，也有可能是與曾經的老師、同學、戀人，甚至是匆匆而過的路人串連起來的。

這種親密的接觸、感受，是我們生命之旅最核心的一部分。在物質世界做一個很會汲取資源的理性人的同時，也要做一個感性的人，去感受情緒的傳遞、慾望的揭露、渴望的推動、希望的想像。把心中的感性變成串連一系列理性決策的扣環，這樣，我們既尊重了自己，也尊重了世界。

自我探索，是一個「不爭不搶，往裡走」的過程，一開始可能會感到黑暗和迷茫，等我們發掘到內在的光，就能感受到靈魂天然的平靜，能讓我們在現實的各種處境中安頓好自己。

重新回顧與探索

寫到這裡，這本書就寫完了。我們來一起回顧一下這本書的整體架構。

第一部，困在原地。我想讓大家看到，每個人都是由自己出發開始看到這個世界，當我們想看世界的時候，剛好是對自己有所疑惑的時候，這是人性。

第二部，看見距離。引發我們開始學會真正思考的，絕對是關係議題，透過各種關係，其實我們是藉由別人看見自己。

第三部，遠離內耗。這一部獻給大家內心的孤獨，沒有一個人可以完全了解另一個人，而內耗這件事，最終還是要自己來，才能真正處理好。

第四部，穩定心智。也許我們身邊在不同階段會有各種貴人出現，但俗話說得好：「自助者天助。」不管別人多麼願意幫助我們，只有我們願意幫助自己想得通、看得清，才能做到心智真正的穩定。

第五部，身心靈同步。常關注情緒、關係、愛情、自我成長的人，會常常聽到這個概念，但不得不說，能真正了解這一抽象概念背後知識和邏輯的人，並不多。真正的身心靈同步就是，精神世界、物質世界、身體世界的和諧共處、協同工作，由此幫我們建立一個健康正念（包含既樂觀又有期待感）的人格和生活。

這本書獻給愛占星學的大家，讓大家透過我的學習和思考來看占星學這個學科體系，與物理學、數學、心理學、哲學等被劃分為科學學科之間的關聯。這本書也寫給愛科學的大家，讓大家透過一位喜歡心理學、哲學、物理學、金融學的占星師思維，理解另一種看世界、看人生的可能性。

我寫這本書，就是想讓大家了解，**人生是透過自己的主動建構創造出來的**，就如現在的各個學科、不同的產業、生活中我們使用的各種工具、腦海中知道的不同故事，都是每個人、每一個世代，一項一項創造出來的結果。

法國作家莫泊桑（Guy de Maupassant）曾經寫道：「天才不過是不斷的

思索，凡是有腦子的人，都有天才。」不管你的人生現在走到什麼階段，無論你喜不喜歡占星學，這本書其實整合了我學習各個學科後的心路歷程，最終希望提供大家一個思考路徑，邀請大家當自己的導師，當自己的天才。

所以，面對人生，邀請大家用放鬆的心態，盡可能的打開自己的心，藉由自己的特質去看懂身邊各種機運，創造屬於自己的人生吧！

運用占星學轉化生命歷程地圖

我提供一個簡單的方法，協助大家透過占星學了解自己。這裡我們需要使用你的出生星盤。

透過任何占星相關網站皆可，輸入你出生的年、月、日、幾點、幾分、出生地點，拿到你的出生星盤。透過出生星盤的宮位，我們可以來解讀自己的一生。

第一宮（上升），代表你理想中的人格特質，預示著你會有怎樣的人生。

第二宮，分個四階段。第一階段，代表你的價值觀、財產、金錢、資源。第二階段，代表能夠滿足你心理安全感和物質保障的事物（包括身形長相等），這能讓我們產生自我認同。第三階段，代表了我們的天賦和才華。第四階段，是我們和金錢財產的關係，也就是我們對物質世界的態度。

第三宮，和基礎知識有關，代表了你的語言模式、溝通表達習慣，和左腦與理智、邏輯思考、蒐集事實資訊、分析歸納能力有關，還代表了你看待知識的態度，以及你和兄弟姐妹之間的關係。教學、寫作、新聞、印刷、媒體、眼睛、推銷、運輸、祕書類的工作，也是第三宮體現的職業特質。

第四宮（天底），代表你內心的想法、感覺、認知和行動，也與原生家庭、家族和種族的根源有關。這一宮能看出你後半段人生的經歷，也可以看出當你的人生進入尾聲時，哪些內心深處的感受會被重視。比如四十歲之後會更願意向父母表達你的需求和感受。任何與「深入自我」有關的事，都是第四宮的主題。

第五宮，代表你的慾望和想法，是你從內心「創造自我」的地方，希望透過創造來獲得認同。所以，第五宮也是和藝術創作相關的地方。帶著熱情全心投入，還有另一種形式，就是娛樂活動和戀愛。第五宮的訊息就是我們戀愛的標準，也代表戀愛的延伸意義——孩子，以及對孩子、寵物的態度。

第六宮，是你為自己建立更清楚的自我定義的地方。去關注自己的本質、在生活中尊重自己本來的樣子。我們最大的使命，就是做自己，所以第六宮，就是與日常生活、飲食、工作、同事、服務相關，也與身體健康相關。

第七宮（下降），從這裡開始，你需要學習新的課題，就是與外界的連結。從第七宮到第十二宮，是要讓你的「自我」與「世界」連結。第七宮在第一宮的正對面，上升是「覺察自我」，下降就是「認識他人」。所以，第七宮和你的各種關係有關：伴侶關係、合作關係、競爭關係等。有關照顧、引導、協助等相關特質，都是在第七宮呈現。

第八宮，是第二宮的對宮，也就是從第二宮的「自我價值」變成第八宮「他人的價值」。有關婚姻、性、繼承、合作夥伴的財務、金融理財、死亡、再生就是第八宮的議題。透過一段關係，你能看到親密關係、財務關係中對方隱密的一面，再透過揭祕、質疑、較量、生死等黑暗力量，幫助你實現自我超越。

第九宮，經過第八宮的淬煉，來到第九宮，你更有力量，透過人生經歷去尋找今生的使命和意義。第九宮與信念、宗教、哲學、高等教育、法律、航空宇宙、遠程旅行（移民）有關。而比起第三宮、第六宮的左腦邏輯思考，第九宮和第十二宮更注重感官感受。不同種族的文化、異國文化、不同家族的文化、不同區域的法律的衝擊，讓我們透過第九宮的經歷找到自己的堅持，也能夠預測自己的未來。

第十宮（天頂），是要實現第九宮的願望的。天頂是出生地的黃道與子午圈（meridian）交叉的最高點產生的角度。正因為是最高點，象徵著上位者和長輩、父母對待我們的方式，也象徵我們透過對野心的追逐，找到自我成就感，懂得尊重自己，建立在他人心中的形象和口碑。這裡也體現了你可能會實現、最高的社會經濟地位與影響力。

第十一宮，前面從第一宮到第十宮是「確立自我」，從第十一宮開始是嘗試「超越自我」。比如友誼、團體、信仰，都是我們選擇捨棄「部分自我利益」去維護的。人本心理學創始人羅傑斯曾說過，人越深入覺察自己，就越能了解整個人類。所以，第十一宮的主軸是社會集體意識，是我們心中的「理想世界」。

第十二宮，是屬於你的「理想世界」，彰顯了「你真正的能力」。能力不足的時候，就會表現為「逃避」；當能力可以承擔責任的時候，就變成

「付出奉獻者」。從逃避到承擔，就是從過去到未來，連結著「所做即所受」對你的影響，直到你有能力成為自己「理想世界」的推手，自覺的去奉獻，為更多的弱勢付出，承擔起社會責任。十二宮在這樣的能量之下，所代表的場所就是——醫院、孤兒院、教堂、基金會、修道院、慈善機構、監獄等。

從第一宮的小我，走到第十二宮的大我；從建立自己，到建立整個世界；從「我與我」的關係，到「我與他人」、「我與世界」的關係，我們的人生會不斷的重複這些循環，直到我們開始真正了解自己、理解自己、相信自己，就能活出人生的最高版本，並由此覺得此生無悔、特別幸福、沒有白來。

最後，**請相信你的生命藍圖為你安排的一切，都是來幫助你、成就你的，人生就是要無條件的相信自己，這是你的必勝原則。**

【附錄】
占星學資源指南

表 1．十二星座日期

星　座	日　期
牡羊座	3 月 21 日～4 月 19 日
金牛座	4 月 20 日～5 月 20 日
雙子座	5 月 21 日～6 月 21 日
巨蟹座	6 月 22 日～7 月 22 日
獅子座	7 月 23 日～8 月 22 日
處女座	8 月 23 日～9 月 22 日
天秤座	9 月 23 日～10 月 23 日
天蠍座	10 月 24 日～11 月 21 日
射手座	11 月 22 日～12 月 20 日
摩羯座	12 月 21 日～1 月 20 日
水瓶座	1 月 21 日～2 月 19 日
雙魚座	2 月 20 日～3 月 20 日

表2・十二星座個性、符號、對應宮位

星　座	符號	個　性	對應宮位
牡羊座（Aries）	♈	冒險、堅韌、領導力	1
金牛座（Taurus）	♉	忠誠、堅定、感官	2
雙子座（Gemini）	♊	好奇、多才多藝、社交	3
巨蟹座（Cancer）	♋	關懷、敏感、家庭	4
獅子座（Leo）	♌	自信、慷慨、領導	5
處女座（Virgo）	♍	責任感、細心、分析	6
天秤座（Libra）	♎	公平、公關、美感	7
天蠍座（Scorpio）	♏	強烈、堅定、神祕	8
射手座（Sagittarius）	♐	冒險、獨立、樂觀	9
魔羯座（Capricorn）	♑	專注、野心、實際	10
水瓶座（Aquarius）	♒	創新、理想主義、社會意識	11
雙魚座（Pisces）	♓	敏感、直觀、藝術	12

圖 1．十二宮位如何影響你的一生

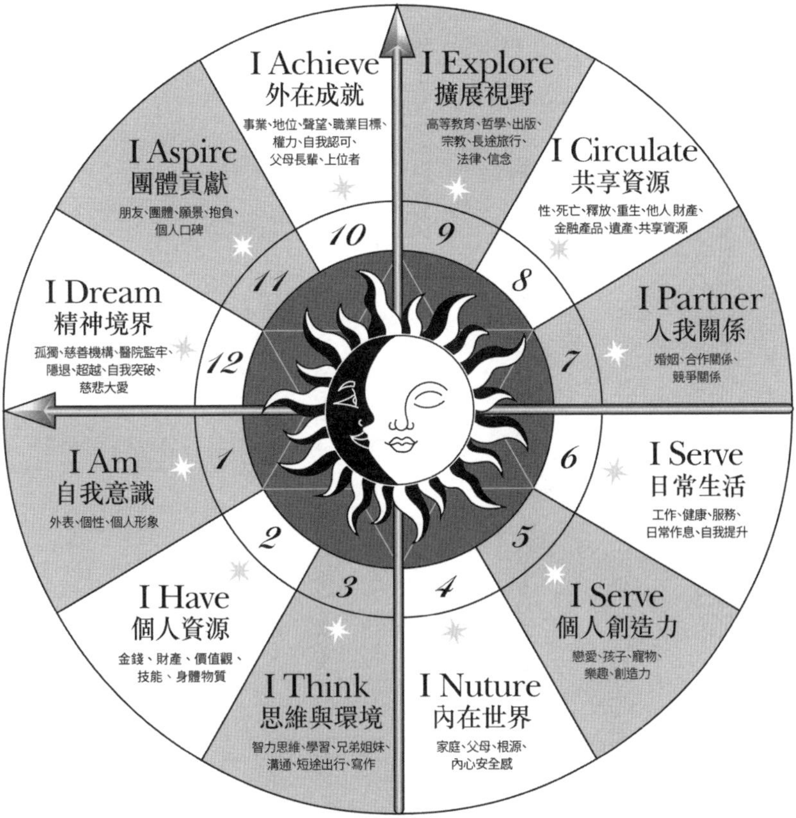

※ 各宮位詳細意涵說明，請參 P.244-248，圖片引用出處：https://www.holisticism.com/

推薦書籍、網站和工具

一、推薦線上課程

- 《白瑜的全方位占星學》（知識衛星）

二、推薦書籍

- 《當代占星研究》（*The Contemporary Astrologer's Handbook*）：第一本倫敦占星學院指定占星入門教材。
- 《阿若優的星盤詮釋指南》（*Chart Interpretation Handbook*）：完整解析本命盤，步驟明確。
- 《占星．業力和轉化》（*Astrology Karma & Transformation*）：深入詮釋占星學中的含義，屬於高階用書。
- 《變異三王星》（*The Gods of Change*）：對三王星、行運的深度認知和剖析。
- 《家族占星全書》（*Family Astrology*）：探討原生家庭及家族議題。
- 《內在的天空：從星盤透析內在，做出讓生命豐饒的明智抉擇》（*The*

Inner Sky: How to Make Wiser Choices for a More Fulfilling Life）：以心理占星學為主，解讀個人性格和生活模式。

- 《凱龍星：靈魂的創傷與療癒》（*Chiron and The Healing Journey*）：關於了解和治癒的深入解析。

推薦網站和工具

- **Astro Gold**：是由澳大利亞的Esoteric Technologies公司所開發，是一款專業級的占星軟體和應用程式，提供全面占星圖表計算和分析工具。
- **Astrodienst**：這是由英國知名占星家麗茲・格林（Liz Greene）與羅伯・漢（Robert Hand）創立的占星網站，可以儲存星盤。
- **愛星盤**：行星、四交點、虛點的顯示設定都有，可儲存星盤。
- **唐綺陽官方專屬星盤**：是唐綺陽老師團隊提供的服務，畫面簡單好用，可以儲存星盤。
- **靈匣網**：是兼容東西方命理工具的網站，度數精確，有提供APP。

從星開始的
16趟自我探索之旅

作者——————白瑜

主編——————林孜懃
美術設計———王瓊瑤
行銷企劃———鍾曼靈
出版一部總編輯暨總監———王明雪

發行人————王榮文
出版發行———遠流出版事業股份有限公司
地址——————104005 台北市中山北路一段 11 號 13 樓
電話——————(02)2571-0297
傳真——————(02)2571-0197
郵撥——————0189456-1
著作權顧問——蕭雄淋律師
2024 年 12 月 1 日 初版一刷

定價——————新台幣 380 元
（缺頁或破損的書，請寄回更換）

ISBN ————— 978-626-418-013-9

遠流博識網 http://www.ylib.com
E-mail: ylib@ylib.com
遠 流 粉 絲 團 https://www.facebook.com/ylibfans

國家圖書館出版品預行編目 (CIP) 資料

從星開始的 16 趟自我探索之旅 / 白瑜著 . -- 初版 .
-- 臺北市 : 遠流出版事業股份有限公司 , 2024.12
面 ;　公分
ISBN 978-626-418-013-9 (平裝)

1.CST: 自我實現 2.CST: 占星術

177.2　　113016767